虚敬以学

——缘一室读书日札

袁　依◎著

世界图书出版公司
广州·上海·西安·北京

图书在版编目（CIP）数据

虚敬以学：缘一室读书日札 / 袁依著. -- 广州：世界图书出版广东有限公司，2025.1重印
ISBN 978-7-5100-8904-6

Ⅰ. ①虚… Ⅱ. ①袁… Ⅲ. ①读书笔记－中国－现代 Ⅳ. ① G792

中国版本图书馆 CIP 数据核字 (2014) 第 260108 号

虚敬以学——缘一室读书日札

策划编辑：李　平
责任编辑：梁少玲
封面设计：彭　琳
出版发行：世界图书出版广东有限公司
地　　址：广州市新港西路大江冲 25 号
电　　话：020-84459702
印　　刷：悦读天下（山东）印务有限公司
规　　格：787mm × 1092mm 1/16
印　　张：16.25
字　　数：225 千字
版　　次：2014 年 11 月第 1 版 2025 年 1 月第 3 次印刷
ISBN 978-7-5100-8904-6/Z・0080
定　　价：78.00 元

内容提要

本书收录了作者自从事相关研究以来的部分学术类论文与札记。全书内容包括对中国传统哲学的阐发、《红楼梦》研究的感悟、对中国传统的道德理想、中国近代的学术转型以及当代中国哲学思潮源流的思考。附录部分，本书还收录了作者近年来创作的部分古体诗词。

本书重点探究了古今之变的大背景之下，近代学人究竟应当如何看待自家的传统，以及如何对自家传统进行现代意义上的转化。对于古代哲学研究的选取上，书稿论述的中国传统的道德理想这部分在时间上跨越了从先秦、汉唐到宋元明清各个不同时代，内容包括儒家、道家和墨家，基本上统摄了中国古代哲学的基本内容。同时也探究了中国近代的学术转型以及中国当代哲学思潮的传统追溯。书中一些篇幅也探究了当下“学生”对前代“先生”的开辟之功，及究竟应当如何进行不偏不倚之客观分剖。此外，尚有哲学“史”梳理之余的数篇哲学之“思”，如《论友道》、《虚敬以学》、《观〈近思录〉有所思》诸篇。

序言

袁依嘱我为他即将出版的小书做个序。作为他的硕士研究生导师，我很乐意率先阅读其书稿，并见证打印稿变成铅字文。

书稿拿来，竟是文章、随笔、诗词俱全，且是不薄的一本。硕士生就读阶段就出书，虽说不是绝无仅有，却也为数不多，真是可喜可贺。

阅读袁依的书稿，感觉有几个显著的特点：一是他阅读广博，文史哲政经法都有涉猎，文章和随笔在各领域任意游走，征引广泛。二是他善于思考，日札中许多文章既是他的读书笔记，也是他结合读书上课的思考所得，夹叙夹议，常有新论。三是他文笔流畅，文采洋溢，颇有洋洒之象。

人们常说文史哲不分家，这是从三者的内在联系上来说的。因为做哲学，不限于独思，必须要有语言文字的表达，使你的观点和想法得以展示和传播，而语言文字表达的准确、清晰和优美与否，直接关系到哲学传播的效果。同时，哲学不是空中楼阁，不是概念的游戏，它离不开历史的沉淀和检验，正是在这个意义上，黑格尔说哲学本身就是哲学史；而“文以载道”，则言简意赅地道出了文学的使命和追求，道，当然是哲学的范畴；做历史研究，首先要解决的就是历史观，即用什么样的观点看待历史，这就是哲学观和方法论，所以，有历史哲学作为人文历史的终极思考。文史哲虽各有耕耘领域，表现形式也各有不同，但它们却相互渗透，互补互荣。

然曾几何时，随着科学的演进、学科的细分，文史哲之间的联系变得松散甚至疏离，学习者、研究者越来越专门化，各自守着一片小小的领域，以至于“专家”逐渐带有了贬义的意味。

造就单向度的人，势必遮蔽了人的多方面发展的需求，也淹没了生活世界的丰富性和生动性。目前我们可喜地看到，高考的指挥棒已有指向，那就是不分文理科。既然文理都要联姻，何况同作为人文学科的文史哲！

袁依本科就读于文学院的新闻系，大学时就喜欢买书读书，同学对他宿舍的书有“水漫金山”的说法。他边读边写，读书笔记有厚厚的十几本，文章据说有40多万字，有的已经发表在报刊杂志上，同学们誉其为“学术达人”。成为上海社会科学院的硕士研究生后，使他有更好的条件读书和写作，他读的是中国哲学史专业，两年间集中在中哲史领域又写了一些文字，并有30来篇小文在报刊杂志发表。这本书包括30多篇文录、近70条读书札记，以及100多首诗录，这才及他写作总字数的三分之一。他说，越学越觉得自己的学问低、文字浅，只是选录了极小的一部分作为这本小书的内容。

我欣赏袁依谦逊的学习态度和脑勤手勤的精神，这本书是他成长的记录，虽然看上去很“杂”，但他追求的是“杂而不乱”，我赞成。这本书是他学术的起点，虽然还比较稚嫩，但他在向学术目标努力，我支持。

我愿意看到袁依继续“虚敬以学”，努力深造，在哲学研究的理性领域里，更多保持文学的情怀，写出更多富有哲学智慧、又有美好文字的研究性论文。

世界图书出版公司愿意出版这位初出茅庐青年的书，体现了出版社提携新人、提倡文史哲兼容的大气和胆识，致敬世界图书出版公司。

何锡蓉
上海社会科学院哲学所副所长、研究员
2014年9月5日

目 录

缘一室文录

彰一室文录

略说民国学术研究中对传统的现代创建

一切的学术研究，若是离开了最为基础的史料辨析，那么它所创建的亭台楼阁，无论是怎样的富丽堂皇，终归只能像水中之月、镜中之花，绝难为后人所信服与崇仰。民国时期的学术研究，无论受西来的何种思潮的冲击与拍打,其“无征不信”与“实事求是”的传统信条始终未曾改换。“无征不信”用胡适先生的话讲，就是“拿证据来”，并且要求“有九分证据绝不讲十分话”；“实事求是”在“史料大发现”的民国时期，其鲜明的时代特征便是“辨伪”，以“胡门弟子”顾颉刚的《古史辨》最为代表。

胡适先生治学上提倡“大胆假设、小心求证”，其落脚点无疑是在后四个字上。一般人看来，“小心的求证”应当服务于“大胆的假设”，可胡适先生的原意并非如此，他似乎有着“方法论至上”的主观倾向。这自然是针对中国学术研究历史之上“方法盲”而开出的药方，但更多的“大义”无外乎是在为中国的学术独立提供有益的借鉴与尝试。胡适先生的《丁文江的传记》一书做得那样科学与精细,可对此书的主旨到底“是什么”、“为什么”提不出应有的明晰答案来，似乎所有的“微言大义”都消融在了年谱考证这一具体的操作过程之中。

而顾颉刚的《古史辨》最终得出的结论居然是“大禹是条虫”，考证的过程是那样的严肃与讲究，而此一近乎笑料的结论让当世的不少人觉得荒诞不经（鲁迅对他的嘲讽便是典例）。但毋庸置疑的是,《古史辨》的价值存在于它对传统学术思维的现代创建之中，它的功用与其师胡适的《中国哲学史大纲》如出一辙，都是对因袭的传统勇于“截断众流”的一大思想革新。之所以将他的史学称之为“新史学”或者“史学的现代化”，是因为自他们开始，已经尝试着用怀疑的眼光将古往的一切经典重头翻起，不再将之作为士大夫生命信仰的寄托，而是当作历史之文献来进行理性处理，而这一理性精神，正包蕴于学术路径之上的现代性追寻。用当下时髦的学术语来表达即“祛魅”之义，其内在旨归便是将现代的西方“学统”从千年的古国“道统”之中“开发”出来，从而使之获取独立精神及自由思想等形上资源。

正因为存有上述“疑古”的学风兼时风，我们渐能理解民国的学术研究缘何集中于先秦。据余英时《学术思想史的创建及流变——从胡适与傅斯年说起》一文中考究，民初学术界研究的重点主要放在先秦的古籍、经学及史学考证。学者们习惯于将大部分精力投注于先秦，“读史则至《后汉书》为止”（夏曾佑的《中国古代史》便将汉代作为截止时段），不独是出于潜意识里尊经重史的传统学术思维。在那样一个学术大论争的乱世里，处于半新半旧的时代背景环境之下，学人们大多携带有一股强烈的历史忧患意识，治学路径上无论如何都难以彻底摆脱经济的入世情结。具体到史学哲学及文学等专门学科的分类及融通之法上，如何除“旧”布“新”，实现最具价值重估、思维解放的交接过渡，而又不至于过分凸显治学上的断裂痕迹，这的确是那一代开风气的学人曾经煞费苦心地经营过的重大问题。

尽管“胡适一党”名义上仍是高举“接通汉学”的大旗，他们的治学究其本质而言，毕竟已经不同于“清儒家法”。无论是傅斯年的《姓名古训辩证》，还是胡适先生的《说儒》，都已经不满足于最纯粹意义上的训诂考据与“实事求是”，他们自觉地运用西化的逻辑线条来构建一个研讨经史的现代体系，他们不厌考据功夫之繁琐，为的是“拿出证据来”；同时他们更要将这些琐屑的知识碎片穿成一根线，而这根线的源头无疑是西学。

从这个意义上来讲，民国那批留过洋的学人在治学路途上，其间的大多数在面对与整合“新”与“旧”（亦可看作“西”与“中”）之间的矛盾关系时，不仅做到了客观上的“无征不信”，而且还有意识地克服掉或盲从或无依的心理障碍，做到了主观意识上的“心知其意”。而这一“心知其意”的自得体验却迥异于“先入为主”的自负情绪，这一心理特征的建构完全是根基于对文献的细细考究，它始终坚守的是从文献的辨伪中来、到文献的取舍中去的治学准则。

这一“心知其意”的自得体验还表现在学术研究上的“想象力渗入”。上述已提及的《姓名古训辩证》与《说儒》二书，据余英时先生的观点，是“从宗教上认识了古人非理性的心理层面”，而得以进入这一非理性的心理层面的门径便是因了想象力的渗入。考究《姓名古训辩证》的作者傅斯年，绝不应当将之简单地划分到现代考据派的门墙之内，《姓名古训辩证》一书“用语言学和史学来研究思想史”（余英时语），其落脚点仍在思想史的盘究范围之内，而“语言学和史学”毕竟只是借以梳理思想史的“两把重要刷子”，并不能够取代思想史本身而发挥作用。如果联系到前文所述胡适先生的《丁文江的传记》一书做得那样科学与精细，却对其间的主旨到底“是什么”、“为什么”提不出应有的明晰答案来，两相比照之下，我们会发现傅斯年与胡适先生“貌合神离”的具体差异之所在。从胡适先生到傅斯年，作为清末民初从传统四部之学到现代学术转向路径中的重要两环，既不同于固守一隅、琐屑支离的“清儒家法”，更与奢谈心性的宋学玄风相悖逆，这对后现代时风之下的当代学者，动辄高弹复古陈词抑或西化老调，全然不顾学术发展历程之中的连续性与渐进性，一味地攀骛浮躁的“国学”旋风与“创新”旗号，无疑是有着现实而深远的参照价值与警示作用的。

西方学术的分期框架与中国政治的儒士情怀
——对冯著《中国哲学史》的批判与再思考

中国哲学史的研究界，历来有两大纷争难止的公共话题：一是“中国哲学”的合法性问题，二是儒学能否发展为儒教，或者儒教是否可称为“教”的合理性问题。这两大问题都是伴随着近百年来欧风美雨的侵袭而产生，都是在西方殖民语境之下的有识之士对本国思想文化的反省与批判。如果我们再将这两大问题仔细比较，我们不难发现后一命题实则是前一命题的衍生物和派成品。而关于“中国哲学”的合法性问题，表面上看是在为“古已有之”的传统思想近乎焦灼地谋求正名，其实质却是在中西文化相涤相荡的大背景下探究文化主体性的现代建构。在传统的旧邦中华，文化典籍中有“哲学”而无“中国哲学”一说；只有在过渡的近代社会，中国正史里所塑造的周边“四夷”形象才开始轰然倒塌，人们心目中的“天下”，也不再是由“唯我独尊”的老大帝国独自掌舵。

然而因袭着传统惰性思维的大部分上层士大夫，仍然“自欺欺人”地沉溺于天朝大国的梦幻泡影之中。正如葛兆光先生在《想象的朝贡》一文中所举的例证：“看到穿裤子打绑腿的西洋兵，就会联想到《山海经》里的异国人物，想象他们没有膝盖；看到世界地图，也会想起古代邹衍谈天的《大九洲》，说这大概是偷了古代中国的发明……当古代中国人还不知道国际法、国际公约之类的现代外交原则，想象‘国际关系’的时候，他们就常常要联想起《逸周书》中的‘王会’，汉唐帝国时代的‘朝贡’。”

对此类“掩耳盗铃”似的可笑行径，葛兆光先生曾有过这样的阐发：“人常常是处在现实生活和历史回忆的夹缝中的，特别是中国的历史很长，读过些书的人在生活里看到什么，就不由自主地开始发掘历史记忆来帮助自己理解和诠释”，以至于“历史典故充斥的旧学，常常充当着翻译新知的责任”。

如虎狼般林立的列国携着隆隆的炮声登陆在大陆的东海岸线，一款又一款割地丧权的辱国条约如雪花般飞舞，它们昭示着这是一次真正的“五千年未有之大变局”。鸦片战争、甲午战争和八国联军的侵华战争雄辩地证明，帝国主义国家在东方海岸线架起几门大炮就能征服一个国家的日子已经来临。自此，遗老遗少们“立国之道，尚礼义不尚权谋；根本之图，在人心不在技艺”的高调再也无法重新弹奏。“四夷”们在中国建立起强大军事霸权的同时，也逐渐有计划有预谋地在文化思想上想夺得制胜高地。事实上，他们的企图最终还是“潜移默化”地得以实现，在现代的学术思想领域，中国始终处于一种毫无话语霸权的劣势地位。所以我们谈论的“中国哲学”，亦是在西方的“哲学”范畴和概念框架的包围下所进行的讨论。表现在具体操作的专著论述上，一个典型的案例便是冯友兰完成于1934年的上下两卷本《中国哲学史》。陈寅恪在《冯友兰〈中国哲学史〉审查报告》一文中曾称赞道：“今欲求一中国古代哲学史，能矫傅会之恶习，而具了解之同情者，则冯君此作庶几近之；所以宜加以表扬，为之流布者，其理由实在于是。”寅恪老不满于盛行于当时的疑古之风，认为“伪材料”亦应有其合理的历史价值：“以中国今日之考据学，已足辨别古书之真伪；然真伪者，不过相对问题，而最要在能审定伪材料之时代及作者而利用之。盖伪材料亦有时与真材料同一可贵，如某种伪材料，若径认为其所依托之时代及作者之真产物，固不可也；但能考出其作伪时代及作者，即据以说明此时代及作者之思想，则变为一真材料矣。”寅恪老之所以给予冯著《中国哲学史》如此之高的评价，一个很重要的原因就在于冯友兰对真伪材料的取舍态度上颇为“体恤古人”，“冯君之书，其取用材料，亦具通识”；

另外的缘由，可能与其保守的文化立场有关联，“凡著中国古代哲学史者，其对于古人之学说，应具了解之同情，方可下笔”。

与之相反，作为佛学家的太虚和新儒家的牟宗三对此书却颇有微词。太虚在《冯著〈中国哲学史〉略评》（原载《读书周报》第22期，1941年3月）中写道：“中国民族文化，哲学乃是主脑，竖承三千年来子学佛学之结晶，而横吸欧美各国近代现代之思想，始足复兴且充实恢弘之。汉末来之道教与北宋来之道学，则最为锢闭削弱中国民智者也。而此书反多奖许，将汉武以来划为经学时代。致儒道对佛之误解偏见，不能去除，陈君寅恪且谓以完成宋明新儒家为唯一大事因缘，尤使言固有文化者，仍落宋儒窠臼，与蔡孑民先生‘兼采周秦诸子印度哲学及欧洲哲学以打破二千年来墨守孔学之旧习’，何其反耶。”太虚大师的不满主要在于两点：一是冯著学术思想上“扬儒抑佛，墨守孔学”，二是冯著政治立场上“奖许汉武，锢闭民智”，而这两点，恰恰与太虚大师所倡扬的“人生佛教”相违背；“人间佛教”主张以大乘佛教“舍己利人”、“饶益有情”的精神去改进社会和人类，有着鲜明的民间立场坚守和平等价值关怀。但太虚大师辩驳的理由不是依据西学，对冯著的指责是因为“中国传承之佛学，未能充分详述，于佛学莫见其全之所致”，背后的价值关怀无疑是立足于复兴民族的“大义”。而新儒家的牟宗三在《中国哲学的特质》（香港人生出版社，1963年版）中也曾提及二十年前的这本“名著”，他先直接地批评为冯著写审查报告的陈寅恪和金岳霖“外行”，“陈氏是史学家，对于中国思想根本未曾深入，其观冯书自不能有中肯之判断。金氏早声明他对于中国哲学是外行。我们自不怪他”；他认为冯著的主要问题出在对“中国哲学史”的分期“失误”上。“冯书分二篇。首篇名为‘子学时代’，自孔子以前直至秦汉之际，类似西方古希腊时代。次篇名为‘经学时代’，由汉初至清末民初之廖季平，这又类似西方的中纪。但并无近代。冯氏以西方哲学之分期方式套在中国哲学上，显为大谬。故冯氏不但未曾探得骊珠，而且其言十九与中国传统学术不相应。”牟宗三先生的观点，正在于质疑用“子学时代”和“经学时代”来划分中国历史的“合理性”。西方的古希腊和中世纪存在着文化上明显的断层，但这种情况在中国并不很显著，先秦诸子学与其后的汉代经学、隋唐佛学、宋明理学、清代朴学的裂痕实际上很有限，正如钱穆在《中国历史研究法》一书中所言：“西洋史是可分割的，可以把历史上每一个时期划断。如希腊史和罗马史，两者间就显可划分。以下是他们的中古时期，这又是一个全新的时期，与以前不同。此下则是他们的近代史，现代国家兴起，又是另一段落了。如此划分开来，各有起讫。而中国史则是先后相承不可分割的，五千年一贯下来，永远是一部中国史，通体是一部中国史。战国以后有秦汉，决不能和西方之希腊以后有罗马相比。这显然见得双方历史互有不同。”通过钱穆先生对中西历史之间的横纵比较，我们可以窥见冯著《中国哲学史》中明显的西方学术话语色彩。

北大李零教授在《重归古典——兼说胡适、冯友兰异同》一文中曾这样评价过胡适和冯友兰：“胡适的书，和冯氏的书，方向正好相反，一个是从一家重返百家，一个是把百家再扯回到一家。冯氏似顺而逆，胡适似逆而顺。”接着针对“逆”和“顺”进行了通俗而深刻的阐发：“胡适讲诸子平等，是真正平等。冯氏讲诸子，是‘众生平等，唯我独尊’。他说，儒家在中国思想史上的地位，就像君主立宪制下的君主，其他派别，则如君主立宪制下的内阁。君主是万世一系，然治国之政策，常随内阁而改变。平等是儒家之下的平等。”正因为他二人有着这样不同的价值理念指导在先，所以“胡适想把子学做大，做成思想史，而不是相反，像冯氏那样，子学做成经学，经学做成理学，理学做成新儒学（他张口闭口都是做圣人，应帝王）。书越写越大，路越走越窄，失去中国思想的大气魄，失去中国思想的自由精神”。不同于太虚大师对冯著中“佛家地位缺失”的批判，也不同于牟宗三对冯著中西方话语霸权的警醒，李零教授尖锐地指出胡适和冯友兰二人还原中国哲学史的路径差异。胡适希望将中国哲学史还原至先秦子学时期的百家争鸣，而冯友兰企图将整部中国哲学史重新结集于儒学的大旗之下。只上溯到汉武帝时期的“儒学”，不仅无法重现中国哲学史被遮蔽几千年的完整面貌，而且暴露出太多“做圣人，应帝王”的教徒情结与专制倾向。

任何的学术思想，都有其一体之两面，都具有客观的普适性与历史文化的根源性。历史文化的根源性左右着人们的思维方式与思维视角，而客观的普适性更多地意味着不同的异质文化之间的交流与互补。学术思想上的客观“普适性”不同于自然科学领域的“普遍性”，它象征着一种差异成就前提下的互操作性。其差异存在的客观前提，某种程度上即说明了中西不同系统特质的事实，以及不同系统之间某种不可忽视的不可通约性。例如海德格尔用“是什么”来概括西方传统哲学的提问方式，向我们透示着西方的爱智传统；而在绵亘几千年历史文化的中国，人伦与道德的成就和实现永远优先于对知识的探究思考。冯著《中国哲学史》无意间忽略了这一历史文化的根源性，或者说有意混淆了这一传统的历史基因，而过度夸大了学术思想上的客观“普适性”；甚至让“普遍性”的西化理念高高在上，在写作过程之中有意识地压制住原本“生机盎然”的思想史全貌。这固然与弱国子民因爱国心而激发的文化“焦虑”息息相关，但更多的是对“经世致用”思想的变相追捧与对“为学术而学术”的研究天职的主观背离。这一案例无疑从反面启示了我们应该如何在研究中国哲学史的路径上，立足中国文化本位的立场进行客观求实的主体诠释。

参考文献：

[1] 冯友兰：《中国哲学史》（上下册），重庆出版社 2009 年版。

[2] 李景林、郑万耕：《中国哲学概论》，北京师范大学出版社 2010 年版。

[3] 牟宗三：《中国哲学的特质》，吉林出版集团有限责任公司 2010 年版。

[4] 钱穆：《中国历史研究法》，生活·读书·新知三联书店 2005 年版。

[5] 李零：《唯一的规则》，生活·读书·新知三联书店 2010 年版。

“神州士夫羞欲死”
——试论陈寅恪学问生命中对于士大夫“耻的自觉”之深切关注

陈寅恪(1890年7月3日—1969年10月7日),江西省义宁(今修水县)人，生于湖南长沙。其父陈三立名列“清末四公子”之一、清末宋诗派领袖之一，北平陷落后绝食而死。其祖陈宝箴曾任湖南巡抚，是举国唯一公开支持康梁维新变法之开明地方高官，据刘梦溪先生考证，最后死于慈禧太后的密令。因家世鸿学，复之游学有成，陈寅恪成为近代以来屈指可数的魏晋南北朝以及隋唐史研究专家，生平著述主要集中于中古时期。而在中古史研究之中先生又特别看重“民族”与“文化”两大关点，譬如在其著述《唐代政治史述论稿》中一再强调，“种族文化问题为李唐一代史事关键之所在”,“论唐代河北藩镇问题，必于民族及文化二端注意，方能得其真相所在也”。“民族”与“文化”之于中国的重大意义，实有赖于士大夫阶层之修身齐家治国平天下。于是，“耻”之知与不知，成为士大夫阶层能否延续中华文化之一脉心香的关键所在。

一、关于王国维沉湖所引发的思考

王国维沉湖，作为并肩于“周作人投敌”、“李叔同弃世”的二十世纪三大文化疑案之一，其扑朔迷离之细节纠纷，一直令当代学人颇感兴趣。据南开大学叶嘉莹先生统计，共存四说：一为清室殉节说，此说出自前清遗老罗振玉。二为受罗振玉迫害说，此说以《王静安先生致死的真因》之作者史达为代表。三为国民革命军北伐说，此说的代表人物是顾颉刚。四为归咎于共产党“迫害文人”说。[1]此四说皆从死者生前细节入手，具体到人事。除此之外，另有学者从精神领域进行分剖，据缪钺弟子黄近斋讲述，“先师缪钺教授在其大著《诗词散论·王静安与叔本华》中论述王氏‘之才性与叔本华盖多相近之点’，‘常存厌世厌生之心……如环境宁谧，无外界特殊之刺激，则静安亦将安于此枯寂之生活，探索学术之新知。如一旦有特殊刺激，感危难之来临，则将缺乏抵抗之勇气。盖平日既存心厌世，无意恋生，苟大难将至，则以为不如一死以避之，无须保存此无谓之生命也’”。此就王国维精神之苦痛而言，然精神之苦痛乃精神之危机的主观折射，王国维此时之精神危机，仍旧在缪先生处未得其详。

当代学者潘知常在其著作《王国维——独上高楼》中曾尝试用“第三进向的阙如”来解释王国维之死。他在分析“王国维最终所能够做到的，只能是以黯然自沉来昭示他所开辟的西学之旅最终竟然走不出地狱之旅、死亡之旅这一宿命，或者说，只能是以死来见证生命”[2]之时，追溯到中西差异的根源是“在人、自然、社会的三维互动中，对于人与自然、人与社会的和谐关系的全力看护，使得中国作为第一进向的人与自然维度与作为第二进向的人与社会维度出现根本扭曲”[3]。他的理由是中华文明无真实之信仰，所以开发不出“爱”之第三维，“真正的爱只能是一种区别于现实关怀的终极关怀，也只能是一种对于一切外在必然的超越，而这就必然融入作为第三进向的人与意义的维度之中。因为作为第三进向的人与意义的维度正是一种区别于现实关怀的终极关怀，也只能是一种对于一切外在必然的超越”。[4]此种说法似是而非。这里面有一个立论的前提实在值得商榷，

[1] 叶嘉莹：《王国维及其文学批评》，香港中华书局，1980年版，P56。

[2] 潘知常：《王国维——独上高楼》，文津出版社2004年版，P240。

[3] 潘知常：《王国维——独上高楼》，文津出版社2004年版，P5。

[4] 潘知常：《王国维——独上高楼》，文津出版社2004年版，P4。

潘教授讲终极关怀在西方建立于彼岸，而在中国却建立于现世世界，因此中国开放不出人与意义的真正超越维度来。其实事实并非如此截然对立，对于“终极关怀”，西方侧重于“终极”，中国侧重于“关怀”，中国的人伦并不如西方中心主义者批判的那般简单乃至庸俗，而是具有内在超越性的人伦，实可开发出道德形而上之哲学真实意义，此一“爱”的维度亦存于人伦道德之内在超越性中。而王国维沉湖之历史事件，如若仅用“爱之维度”的缺失来解释，显然有貌合神离之嫌。

综而言之，关于“王国维之死”，学界大抵可分为“事实死因”与“价值死因”两大派论。其中，“事实死因”关乎具体的人与事，由此不免将王国维之精神面向无形中进行遮蔽；而“价值死因”在缪、潘两位先生那儿，不免显得太过形而上，同时容易抽空当时发生此一历史事件之客观背景。正有鉴于此，我们不妨重温陈寅恪先生对于此一共时事件的“当局者言”。

《王观堂先生挽词序》(节选)：

或问观堂先生所以死之故，应之曰：近人有东西文化之说，其区域分划之当否固不必论，即所谓异同优劣亦姑不具言，然而可以得一假定之义焉。其义曰：凡一种文化，值其衰落之时，为此文化所化之人，必感苦痛。其表现此文化之程量愈宏，则其所受之苦痛亦愈甚。迨既达极深之度，殆非出于自杀无以求一己之心安而义尽也……

近数十年来，自道光之季迄乎今日，社会经济之制度以外族之侵迫，致剧疾之变迁，纲纪之说，无所凭依，不待外来学说之掊击，而已销沉沦丧于不知觉之间。虽有人焉，强聒而力持，亦终归于不可救疗之局。盖今日之赤县神州，值数千年未有之巨劫奇变；劫竟变穷，则经文化精神所凝聚之人，安得不与之共命运而同尽，此观堂先生所以不得不死，遂为天下后世所极哀而深惜者也！至于流俗恩怨荣辱委琐龌龊之说，皆不足置辩，故亦不及云。[1]

于此二文我们分明可以见出陈寅恪对于王国维之所以会沉湖，主要的着力点在乎辨析文化衰落对于文化人之衰落的决定性影响，亦即文化衰败之时，为文化所化之人必有其“耻的自觉”，否则不可视之真为文化所化。在这里，陈寅恪尤其指出，“先生以一死见其独立自由之意志，非所论于一人之恩怨，一姓之兴亡”，但同时他又指出，“值其衰落之时，为此文化所化之人，必感苦痛”。也就是说，虽然不必因清王朝一姓之浮沉而决定人生之死生，但清王朝的逝去毕竟从文化意义上代表着古典礼乐之华夏文明的某种消沉。

有清以来二百六十余年，入关之后历世祖、圣祖、世宗、高宗、仁宗、宣宗、文宗、穆宗、德宗、光绪、宣统十朝，皆以“人文化育”为天命在我的历史担当。1925年，戴季陶发表一篇题为《孙文主义之哲学基础》的文章，他在文中重新解释了“三民主义”，他认为国民政府的正当性和合法性来自于对中华民族五千年“道统”的继承，继承了尧舜禹汤文武周公孔孟，一直到今天中华民国的“道统”。国民政府直至灭亡满清十多年后，仍旧需要继续与死去的大清朝争夺文化的正统权，可见关于“汤武革命”与“道统”的争论从未真正在士大夫阶层以及军阀统治者脑海中停止过思考(《清帝逊位诏书》之中“近慰海内厌乱望治之心，远协古圣天下为公之义”之语，亦当作如是观)。而作为身历两朝的传统士大夫王国维，自然不会对“民军起事，各省相应，九夏沸腾，生灵涂炭”的革命乱局有任何的好感，“五十年内，只欠一死”于是成为应有之必然。

“迨既达极深之度，殆非出于自杀无以求一己之心安而义尽也”，这便是作为没落士大夫代表的王国维的“耻之自觉”。“臣为君死，子为父亡”，这里的“君”与“父”，并非具体之一人一事，然而却是一文化理想之具体代表。此一文化理想之具体代表可因时因地而发生变动，即陈寅恪所言，

[1] 张步洲等：《陈寅恪学术文化随笔》，中国青年出版社1996年版，P4—5。

“若以君臣之纲言之，君为李煜，亦期之以刘秀；以朋友之纪言之，友为郦寄，亦待之鲍叔”;但为君为父之家国情怀却应是永恒之道德形而上，“其所殉之道，所成之仁，均为抽象理想之通性”。士大夫之“耻”，是就普世意义上而言的,若将王国维此处“耻”之对象理解为溥仪小皇帝抑或西太后，进而推出王国维之浓郁封建遗老气息的存在，那便是不理解王国维沉湖之真实意义了。

二、《柳如是别传》中评判明季诸公无“耻”之“别有幽怀”

孟子《卷十三尽心上》,“人不可以无耻，无耻之耻，无耻矣”，又曰：“耻之于人大矣。为机变之巧者，无所用耻焉。不耻不若人，何若人有？”这大抵是士大夫之“耻”文化的最初缘起。尽管据台湾学者朱岑楼先生研究，在《论语》全文498章中，有58章与耻感有关。但之如《学而第一》篇：“信近于义，言可复也。恭近于礼，远耻辱也。因不失其亲，亦可宗也。”之如《为政第二》篇:“道之以政,齐之以刑,民免而无耻。道之以德,齐之以礼，有耻且格。”其间“耻”之定义与孟子关于士大夫“无耻之耻”的定义，内涵指向上相差颇为明显：孔子因其处于春秋时期，天下虽乱但各路诸侯或还遗存礼制之底线，譬如宋襄公作战之时“不重伤，不禽二毛。古之为军也，不以阻隘也。寡人虽亡国之余，不鼓不成列”（语见《十三经注疏》本《左传》篇）；然而战国时期杀人盈野之局面已成常态，“白骨露于野，千里无鸡鸣”，殷周礼制对于诸侯而言已无一丝一毫之道德束缚。是故孟子之论“耻”，其着力点迥异于孔子，已不在教化百姓的生活伦理之上，而在于鞭笞已成为帮闲与帮凶的士大夫阶层，天下之所以大乱，与这群食周君之禄却不担周君之忧的“士”密切相关。

溯源而下，明亡之责，陈寅恪先生也将批判重心落在明末士大夫之身心修为与社会担当上。对于当世士人，陈寅恪的评判基本上可以分为三类：一类是仁人烈士，一类是虽然降清但心存复国之志，还有一类是完全丧失民族气节的无“耻”之徒。对于第一类，陈寅恪这样评述：

> 呜呼！建州入关，明之忠臣烈士，杀身殉国者多矣。甚至北里名媛，南曲才娃，亦有心悬海外之云，（原注：指延平王。）目断月中之树，（原注：指永历帝。）预闻复楚亡秦之事者。[1]

文中“明之忠臣烈士，杀身殉国者多矣”，其中就包括柳如是所结交之陈子龙。据《明史·列传第一百六十五》（清儒张廷玉等主持）所记载，“陈子龙，字卧子，松江华亭人。生有异才，工举子业，兼治诗赋古文，取法魏、晋，骈体尤精妙。崇祯十年进士。选绍兴推官……以定乱功，擢兵科给事中。命甫下而京师陷，乃事福王于南京”，“子龙与同邑夏允彝皆负重名，允彝死，子龙念祖母年九十，不忍割，遁为僧。寻以受鲁王部院职衔，结太湖兵，欲举事。事露被获，乘间投水死”。其间足可想见陈子龙英标伟岸之短暂一生，陈寅恪之评论，自是举其实而定之。

而面对第二类以钱谦益为代表的降清却又葆具复明志向之士人，陈寅恪的情感颇为复杂。一方面他们的投敌乃是不可抹杀之事实，“扬州十日”、“嘉定三屠”还留存于民族的历史记忆之中，“牧斋之降清，乃其一生污点，但亦由其素性怯懦，迫于时势所使然。若谓其必须始终心悦诚服，则甚不近情理。夫牧斋所践之土，乃禹贡九州相承之土，所茹之毛，非女真八部所种之毛”。[2] 在中国，褒贬一个人的历史积习是：对于具体事实采取宽容放过的态度，但对一个人做事的出发点，一定要追究到底。“原心不原迹”，便是士大夫阶层以及下层人民评价历史人物最为基本的态度。是故秦桧虽对宋金两国“休养生息”有功，但终是汉奸；是故汪精卫虽对减缓日本屠杀政策有功，但终是汉奸；是故周作人虽对“保留支那文明不被摧残”有功，但终是汉奸。钱谦益投敌保身那一瞬的“心思”与“选择”，便是百姓需

[1] 陈寅恪：《柳如是别传》，上海古籍出版社1980年版，P1120。

[2] 陈寅恪：《柳如是别传》，上海古籍出版社1980年版，P1024。

要问罪于他的根本所在。

但不同于吴晗在《“社会贤达”钱牧斋》中痛骂钱谦益：“这个人的人品实在差得很，年轻时是个浪子，中年是热衷的政客，晚年是投满的汉奸，居乡时是土豪劣绅，在朝是贪官污吏，一生翻翻覆覆，没有立场，没有民族气节……是一个地道的完全的小人、坏人。”[1] 陈寅恪先生对于历史人物的评价，向来主张需要还原具体历史语境，作一番彻底的“了解之同情”：

此首乃深恶当日记载弘光时事野史之诬妄，复自伤己身无地可托以写此一段痛史也，噫！牧斋在弘光以前本为清流魁首，自依附马阮，迎降清兵以后，身败名裂，即使著书，能道当日真相，亦不足取信于人。[2]

言语之间多加惜叹，并非一味地贬斥数落。此中缘由大抵是因为钱牧斋晚年曾暗中支援反清复明之志士，而于其身“隐琴水，乃故国之遗民”。至于后辈学者如钱仲联先生在《梦苕庵诗话》中为钱氏的辩护，以为“综其一生，身受党祸，名列贰臣，然其苦心忍志，退藏晦密，诗文中隐约可见。……然则牧斋志节，历久不渝，委曲求全，固不计一时之毁誉也”[3]，以及钱仲联先生的弟子裴世俊在《钱谦益诗歌研究》云：“钱谦益投降清朝，民族大节严重沾污，在重要历史关头表现为政治上的软骨病，说明其缺乏风骨棱棱的气节，为此，一直遭到青史讥诟。但他并没有因志节污损而自惭形秽，放浪形骸，颓废自戕，或者希图富贵，世享荣华，如洪承畴辈，而是痛加忏悔，忍辱补救，支持 、参加秘密的反清运动，晚年思想和行动发生明显的转变。后期诗歌情苦词哀，荡气回肠，大量抒写感怀身世、哀思亡明、寄怀故国的篇章，直言无忌地低斥清朝，痛骂新贵，渗透着亡

[1] 吴晗：《读史札记》，北京三联书店 1956 年版，P342—343。

[2] 陈寅恪：《柳如是别传》，上海古籍出版社 1980 年版，P1149。

[3] 钱仲联：《梦苕庵诗话》，齐鲁书社 1986 年版，P36—37。

国之根的真挚感情。”[1]不管有意无意，很显然承继了陈寅恪先生以评判钱谦益为例的“知人论世”之人物臧否理路。

至于第三类完全丧失民族气节的无“耻”之徒，如《柳如是别传》中宋徵舆之流，陈寅恪斧钺之严，更为彰显其铮铮之士范风骨：

明季南都倾覆，（征舆）即中式乡试，改事新朝，颇称得志，而河东君则已久归牧翁，东山酬和集之刊布，绛云楼之风流韵事，更流播区宇，遐迩俱闻矣。时移世改，事变至多，辕文居燕京，位列新朝之卿贰，牧斋隐琴水，乃故国之遗民，志趣殊途，绝无干涉。然辕文不自惭悔其少时失爱于河东君之由，反痛诋牧斋，以泄旧恨，可鄙可笑，无过于此。[2]

陈寅恪在这里，抨击的不仅是宋徵舆同钱谦益一般，做了大明王朝的“贰臣贼子”。更重要的是，宋徵舆倚靠自己的“识时务”，高攀权贵之后，对昔日之情敌大打出手，这显然违背作为士大夫身份所应具备的基本道义。追求富贵，人各有志，不宜厚非，然而士大夫阶层之道义交流与追寻，却不可因时代之变迁而与世沉沦，在这里，陈寅恪忧患的反倒不是他们究竟对清朝应当采取何种态度[3]，而是他们在“山河破碎风飘絮”之际，是否能够依然挺拔起作为士大夫阶层所应具有的“耻的自觉”之共识。这一相关论点，陈寅恪在《元白诗笺证稿》中亦有类似之阐发，可供互相之印证：

纵览史承，凡士大夫阶级之转移升降，往往与道德标准及社会风习之变迁有关。当其新旧蜕嬗之间际，常呈一纷纭综错之情态，即新道德标准

[1] 裴世俊：《钱谦益诗歌研究》，宁夏人民出版社 1991 年版，P3。

[2] 陈寅恪：《柳如是别传》，上海古籍出版社 1980 年版，P83。

[3] 事实上，陈寅恪并不主张对“清初三大家”（黄宗羲，顾炎武，王夫之）采取一种“至高无上”的民族气节之褒扬，在第五章《复明运动》之中，陈寅恪论述黄宗羲之所为亦有“愧对关中大儒李二曲”之处。

与旧道德标准，新社会风习与旧社会风习并存杂用。各是其是，而互非其非也。斯诚亦事实之无可如何者。虽然，值此道德标准社会风习纷乱变易之时，此转移升降之士大夫阶级之人，有贤不肖拙巧之分别，而其贤者拙者，常感受苦痛，终于消灭而后已。其不肖者巧者，则多享受欢乐，往往富贵荣显，身泰名遂。其故何也？由于善利用或不善利用此两种以上不同之标准及习俗，以应付此环境而已。譬如市肆之中，新旧不同之度量衡并存杂用，则其巧诈不肖之徒，以长大重之度量衡购入，而以短小轻之度量衡售出。其贤而拙者所为适与之相反。于是两者之得失成败，即决定于是矣。[1]

三、“留命任教加白眼，著书唯剩颂红妆”：陈寅恪与柳如是之两面一体

一些学者曾就陈寅恪先生没有写作中国通史表示遗憾，笔者以为通史并非是评判大家学术成就的核心标准，就史学家而言，一部专史所发挥的开创性功用甚至要大于所谓的通史写作，一如尹达关于“新石器时代”之研究，杨向奎关于“奴隶社会与封建社会”之研究，田余庆关于“秦汉史”、唐长孺关于“魏晋南北朝隋唐史”、邓广铭关于两宋史、韩儒林关于元史、吴晗关于明史、郑天挺关于清史的研究，皆各具擅场。就陈寅恪先生而言，《柳如是别传》亦非等闲杂著，此书与整部明清史政治经济文化乃至风俗轶事相勾连，接续先生之中古史研究，“借离合之情，写兴亡之感”，可视为“接着讲”之陈氏历史力作。书中对于柳如是这一奇女子曾作出如此评价：

夫河东君以少日出自北里章台之身，后来转具沉湘复楚之志。世人甚赏其奇，而不解其故。今考证几社南园之一段佳话，则知东海麻姑之感，西山精卫之心，匪一朝一夕之故，其来有自矣。[2]

河东君之独留南中，固由于心怀复楚报韩之志业。[3]

[1] 陈寅恪：《元白诗笺证稿·艳诗及悼亡诗》，北京三联书店 2001 年版，P85。

[2] 陈寅恪：《柳如是别传》，上海古籍出版社 1980 年版，P283。

[3] 陈寅恪：《柳如是别传》，上海古籍出版社 1980 年版，P849。

《柳如是别传》集中笔墨于柳如是这一奇女子之身，实则是以女子寄寓男儿之志的写法。自战国屈原始创“香草美人”笔法，后世文人常在诗文之中借女子之言，表达男儿之志，譬如朱庆馀之“洞房昨夜停红烛，待晓堂前拜舅姑。妆罢低声问夫婿：画眉深浅入时无”，托新妇之妆，表谒求之实。耶鲁大学东亚语言文学系教授和东亚研究所主任孙康宜在《文学经典的挑战》一书中曾这样分析过中国传统士大夫“男扮女装”的心理传承：

他们一方面深深感到自己的边缘处境，一方面也对被历史埋没的才女赋予极大的同情，所以当时许多文人不惜倾注大半生的时间和精力努力收集和整理女诗人的作品。从政治上的失意转移到女性研究可以说已经成了当时的风气。

这些文人之所以如此重视才女或佳人，乃是因为他们在才女的身上看到了自己的翻版。他们同样是一群崇尚美学和爱才如命的边缘人，他们中间有很深的认同感。这种认同感在曹雪芹的《红楼梦》里也很清楚地表现出来了。[1]

联系到陈寅恪写作《柳如是别传》（全书八十万言，1953 年属草、1963 年竣稿）时的特定历史背景，再结合之前陈寅恪先生的那份对科学院的最后答复（1953 年）[2]，以及为杨树达《积微居金文说》所作序言出版

[1] 孙康宜：《文学经典的挑战》，百花洲文艺出版社 2001 年版，P85。

[2] 据陆键东《陈寅恪最后二十年》（北京三联出版社 1995 年版，P111）一书中所述，汪篯如实记录下了陈寅恪自述的对科学院的最后答复：我的思想，我的主张完全见于我所写的王国维纪念碑中。王国维死后，学生刘节等请我撰文纪念。当时正值国民党统一时，立碑时间有年月可查。在当时，清华校长是罗家伦，是二陈（CC）派去的，众所周知。我当时是清华研究院导师，认为王国维是近世学术界最主要的人物，故撰文来昭示天下后世研究学问的人，特别是研究史学的人。我认为研究学术，最主要的是要具有自由的意志和独立的精神……独立精神和自由意志是必须争的，且须以生死力争。

时被无情删除（理由是“立场观点有问题”），以及日后章士钊在诗句“岭南非复赵家庄，却有盲翁老作场。百国宝书供拾掇，一腔心事付荒唐”的追忆与叹息，我们不难理解陈寅恪当时自我觉察到的“边缘处境”。然而，这一“边缘处境”并非是陈寅恪与柳如是二而合一之必然条件，陈寅恪与柳如是之间“很深的认同感”主要还是出于士大夫阶层之“耻的自觉”。此一“耻的自觉”在柳如是那里，表现为“心怀复楚报韩之志业”，而在王国维、陈寅恪那里，却表现为早岁便根植内中、“群趋东邻受国史，神州士夫羞欲死”之文化意识上的耻辱感。虽表现形态不一，但集中一点，便是对于中华文化之中三纲五常理念的价值捍卫。

《王观堂先生挽词序》（节选）：

吾中国文化之定义，具于《白虎通》三纲六纪之说，其意义为抽象理想最高之境，犹希腊柏拉图所谓 Eiaos 者……吾国古来亦尝有悖三纲，违六纪，无父无君之说，如释迦牟尼外来之教者矣。然佛教流传播演盛昌于中土，而中土历史遗留纲纪之说，曾不因之以动摇者，其说所依托之社会经济制度，未尝根本变迁，故犹能借之以为寄命之地也……[1]

对此段文字之理解，季羡林先生曾在《陈寅恪先生的爱国主义》一文中进行过恰如其分之具体诠释：

三纲六纪是抽象理想。文化是抽象的，抽象的东西必然有所寄托，陈先生原文作“依托”。一个是依托者，一个是被依托者。作为文化的三纲六纪是抽象的，抽象的本身表现不出来，它必然要依托他物，依托什么东西呢？陈先生讲的是社会制度，特别是经济制度，总起来就是国家。文化必然依托国家，然后才能表现，依托者没有所依托者不能表现，因此，文

[1] 张步洲等：《陈寅恪学术文化随笔》，中国青年出版社 1996 年版，P4—5。

化与国家成为了同义词。[1]

柳如是以一介女流之身，担当起家国情仇之重荷，几度沉浮，患难不改。她内心葆具“耻的自觉”意识，表现于外便是那样一种忠贞的爱国情怀。“海内如今传战斗，田横墓下益堪愁”，那已经不是吟唱“桃花得气美人中”的歌女，而是一位让人肃然起敬的和史可法、郑成功同等地位的英雄。而三百年后的陈寅恪，在晚年双目失明、身心备受摧残的情况下，穷尽心血，极力考究柳如是的生平事迹，同时展开自己继中古史研究之后的第二次学术转型，其为闺阁女子立传之行为本身，已是在诠释文化与国家在具体学术研究中的相互依托之内在关联，同时亦是以柳如是对明清之际士大夫丧失“耻的自觉”的批判，来比照新中国成立之后一段时期内“万马齐喑究可哀”的士林寥落气象。

由此我们可以清晰看见，《柳如是别传》在某种意义之上，乃是陈寅恪先生的心灵自传，而汇通此相距三百余年之异代心灵的交点，全在于作为奇侠女子的柳如是对于明清之际士大夫“无耻之耻”的批判，以及陈寅恪先生对此一批判背后所蕴藏的“三纲六纪”理念的正面褒扬与诠发。“然终无救于明室之覆灭，岂天意之难回，抑人谋之不臧耶？君子曰：非天也，人也”，明亡于人而非天，主要亡于士大夫对于“耻的自觉”从未进行过真实之践履。而此一“耻的自觉”，对象乃是国族而非种族，在乎文化而非血缘，于此意义之上“文化与国家成为了同义词”。作为延续中华文化之一脉心香的读书种子，“博学于文，行己有耻。自一身以至于天下国家，皆学之事也”。褒扬“耻的自觉”，并进行切身之实践，即是对国家尽忠、对文化尽孝。

“秦人不暇自哀而后人哀之，后人哀之而不鉴之，亦使后人复哀后人也”，于此熙熙攘攘之浮躁商业气息之下，面对逝去多年的陈寅恪先生踽

[1] 胡守为：《〈柳如是别传〉与国学研究——纪念陈寅恪教授学术讨论会论文集》，浙江人民出版社 1995 年版，P4。

踽独行之伟岸身影，习惯了“人生在世吃喝二字”抑或“过把瘾就死”的后现代人群，能无惕乎？

参考文献：

[1]胡守为:《〈柳如是别传〉与国学研究——纪念陈寅恪教授学术讨论会论文集》，浙江人民出版社1995年版。

[2]陈寅恪：《柳如是别传》，上海古籍出版社1980年版。

[3]张步洲等：《陈寅恪学术文化随笔》，中国青年出版社1996年版。

[4]陆键东：《陈寅恪最后二十年》，北京三联出版社1995年版。

[5]陈寅恪：《元白诗笺证稿·艳诗及悼亡诗》，北京三联书店2001年版。

[6]吴晗：《读史札记》，北京三联书店1956年版。

[7]钱仲联：《梦苕庵诗话》，齐鲁书社1986年版。

[8]叶嘉莹：《王国维及其文学批评》，北大出版社2008年版。

[9]潘知常：《王国维——独上高楼》，文津出版社2004年版。

[10]孙康宜：《文学经典的挑战》，百花洲文艺出版社2001年版。

[11]裴世俊：《钱谦益诗歌研究》，宁夏人民出版社1991年版。

儒教视角下的马克思主义家庭道德观

马克思、恩格斯二人始终站立在社会关系的角度来看待家庭的伦理道德问题，这并非是在说二人认为家庭关系的维度只有经济的维度。事实上，在《德意志意识形态》中二人曾就此问题进行过这样的论述：

“首先就需要吃喝住穿以及其他一些东西。因此第一个历史活动就是生产满足这些需要的资料，即生产物质生活本身。”[1]

“每日都在重新生产自己生命的人们开始生产另外一些人，即繁殖。这就是夫妻之间的关系，父母和子女的关系，也就是家庭。”[2]

“生命的生产，无论是通过劳动而达到的自己生命的生产，或是通过生育而达到的他人生命的生产，就立即表现为双重关系：一方面是自然关系，另一方面是社会关系。”[3]

仔细分析可以看到，二人所言家庭的关系，既包括社会生产的关系，也包括自然属性的关系。只不过是在讲，随着社会生产的向前发展，社会

[1] 中共中央马克思恩格斯列宁斯大林著作编译局：《马克思恩格斯选集》（第 1 卷），人民出版社 1995 年版，P79。

[2] 中共中央马克思恩格斯列宁斯大林著作编译局：《马克思恩格斯选集》（第 1 卷），人民出版社 1995 年版，P80。

[3] 中共中央马克思恩格斯列宁斯大林著作编译局：《马克思恩格斯选集》（第 1 卷），人民出版社 1995 年版，P80。

关系在家庭的重要性之中更为凸显。为何如此？因为自然的属性是与生俱来的，它具有先天的规定性，譬如遗传一般，是具有某种不可抗拒性的。而社会关系是在无时无刻的变动之中的，是始终处于物质生产方式的支配之下向前运动的。所以二人强调家庭关系主要是社会经济的关系，并非是一些人所谓的强调斗争性、阶级性，而不过是在描述一个活生生的事实而已。

马恩二人关于家庭观念的考究，是具有“普世价值”的。他们对于家庭观念的梳理，并不仅是为了回击当时的那场论战（1877年摩尔根的《古代社会》一书给当时广为流行的私有制和父权制不可改变的理论以沉重打击，英国法学家梅因、芬兰民族学家韦斯特·马克、德国社会民主党人考茨基等，都从维护私有制和父权制的角度来反对巴霍芬和摩尔根，论证人类最初的家庭形态是以男性为中心的父权制家庭）。我们联系自己最为熟悉的华夏之邦，重新分剖乡土中国之下的家庭伦理道德观，我们会惊人地发现，马恩所论，几于道非远矣。

恩格斯曾言：“家庭从社会本质上说是一种社会关系，而且家庭起初是唯一的社会关系，但是后来随着社会发展进步的需要，增长产生了其他更多的新的社会关系，家庭便成为从属的关系了。”[1] 中国上古三代，由家庭而部落，由部落而联盟，由联盟而封国，由封国而集权之大一统国家，一步一步，便是突破了旧的社会关系，进而增长了新的社会关系。《礼记·大学》：“古之欲明明德于天下者，先治其国；欲治其国者，先齐其家；欲齐其家者，先修其身；欲修其身者，先正其心；欲正其心者，先诚其意；欲诚其意者，先致其知，致知在格物。物格而后知至，知至而后意诚，意诚而后心正，心正而后身修，身修而后家齐，家齐而后国治，国治而后天下平。”一般人看待这段文字，总是从心性上来讲。其实，这段文字亦可联系当时之社会结构进行社会关系的分剖。正如费孝通先生所言，中国之人情网是一层一层向外扩展的。那么，也从另一方面告诉我们，

[1] 中共中央马克思恩格斯列宁斯大林著作编译局：《马克思恩格斯选集》（第4卷），人民出版社1995年版，P34。

集合范围最小的，相反是最为亲密的，这种亲密是就血缘上讲的，也就是自然属性上讲的。先秦时代，虽在人民生活上，或者说社会安定上是一大动乱，但于社会机构的重新调整上，至少有至为关键之影响。去掉了诸侯国与周天子原来的那样一种亲情名义之下的自然从属关联，社会开始"礼仪征伐自诸侯出"，赤裸裸地抛开了亲情血缘的束缚，以一种强力的方式重新整合社会关系，这便引发了孔孟复兴周礼的呼吁。此刻的孔子，亦非五十岁之后通了大易的孔子，是故以小康之一孔之见，以为正名方为王道。然而，社会生产前进的一大表征，便是能够"增长产生了其他更多的新的社会关系，家庭便成为从属的关系"，从小仁义（即小康之教）的角度来看，这是道德的退步；从大仁义（即大同之教）的角度来看，这却是人类道德之大跃进。

"家庭是一个能动的要素，它从来不是静止不动的，而是由较低阶段的形式进到较高阶段的形式。"[1] 恩格斯认为，血缘群婚是人类早期"杂乱的性关系"之后的一种婚姻形态，"血缘家庭——这是家庭的第一个阶段……当男女社会地位不平等出现之后，婚姻的个体性和牢固性进一步发展的时候，就会转化为专偶制婚姻并出现与之相适应的家庭形式"。[2] 简言之，所谓专偶制婚姻即是我们常言的一夫一妻制，看似开放民主地自由组建家庭，实则也是历史的产物，或者说，亦为历史时期之一大过渡。事实上，当下市场经济泛滥发展之后，经济的权势对于一夫一妻制的冲击无处不在，不过是人们因了一种来自于旧道德的传统羁绊，不得不伪装自我，将摧毁一夫一妻制的强烈冲动转之于私人空间里秘密进行。那么，我们再来看一夫一妻制度之下，其自由平等面目隐藏着的真实不平等与不自由。恩格斯指出："专偶制从一开始就具有了它的特殊的性质，使它成了只是对妇女

[1] 中共中央马克思恩格斯列宁斯大林著作编译局：《马克思恩格斯全集》（第 45 卷），人民出版社 1985 年版，P353。

[2] 中共中央马克思恩格斯列宁斯大林著作编译局：《马克思恩格斯选集》（第 4 卷），人民出版社 1995 年版，P65。

而不是对男子的专偶制。”[1] 因此，恩格斯认为它是“女性的具有世界历史意义的失败”。[2] 恩格斯从理论与现实结合上，深刻揭示了个体家庭的实质。“一夫一妻制是不以自然条件为基础，而以经济条件为基础，即以私有制对原始的自然长成的公有制的胜利为基础的第一个家庭形式。”[3]

联系古代中国家庭制度，亦可见出马恩此语理性判断之切中要害。古中国亦是一夫一妻制，但在一妻之外，是保留了“多妾”的自由的。妻的用途，多数是用于家族之间的联姻，以及联姻背后的政治目的，譬如《红楼梦》之中贾王史薛四大家族的彼此勾连。但妾的用途则不然，妾是为私的，是作为商品可以用来自由买卖的。《三国演义》之中赵范（桂阳太守）见赵云乃一时之英杰，于是将自己的爱妾赠之于赵云，这样的例子比比皆是。妻是为公的经济利用，妾是为私的经济利用，服务的全然是男子阶层，或者准确地讲，是特定的男权豪门贵族阶层（孟子之一妻一妾的故事，便一直为后人笑话，便是在说，男人没有经济条件，那么便被剥夺了妻妾的使用权利）。所以所谓的专偶制，不过是男子的专偶制。

于是，一切家庭伦理道德的外在或者内在安排，都是以此经济条件为基本的出发点。乃至新中国成立后一直到“文化大革命”时期，才稍稍有所触动与颠覆。即便是在这一时期，这样一种出生越贫穷越恋爱自由亦是一种假相，是对之前几千年经济关系决定家庭道德的一种反向认可，还是未能彻底脱离男权经济的话语权。是故三十年之后，“时间永是流驶，街市依旧太平”。

而马克思恩格斯认为：“现代的性爱，同古代人的单纯的性要求，同厄

[1] 中共中央马克思恩格斯列宁斯大林著作编译局：《马克思恩格斯选集》（第 4 卷），人民出版社 1995 年版，P65。

[2] 中共中央马克思恩格斯列宁斯大林著作编译局：《马克思恩格斯选集》（第 4 卷），人民出版社 1995 年版，P54。

[3] 中共中央马克思恩格斯列宁斯大林著作编译局：《马克思恩格斯选集》（第 4 卷），人民出版社 1995 年版，P60。

洛斯（情欲），是根本不同的。”[1]马克思明确指出：“如果你在恋爱，但没有引起对方的反应，也就是说，如果你的爱作为爱没有引起对方的爱，如果你作为恋爱者通过你的生命表现没有使你成为被爱的人，那么你的爱就是无力的，就是不幸。”[2]简而言之，即是你倘若要实现真实的自由选择爱情与组建家庭，你便需要彻底脱离经济条件对人的先天束缚，不要让金钱权势的判断标准在你的潜意识之中先入为主。这不能单靠自我的心性修养以及自我安慰，需要你从根本上对经济条件捆绑家庭道德这一事实进行彻底觉醒，并且有效地联合起来付诸于抗争的实践。也就是恩格斯的下述观点，“结婚的充分自由，只有在消灭了资本主义生产和它所造成的财产关系，从而把今日对选择配偶还有巨大影响的一切附加的经济考虑消除以后，才能普遍实现。到那时，除了相互爱慕以外，就再也不会有别的动机了”。[3]

那么，如何去追寻两性之间彻底自由而平等的家庭伦理道德呢？马克思提醒我们注意下述几点认识：

“社会的进步可以用女性(丑的也包括在内)的社会地位来精确地衡量。”[4]

“必须推翻那些使人成为受屈辱、被奴役、被遗弃和被蔑视的东西的一切关系。”[5]

“女性重新回到公共的事业中去。”[6]

[1] 中共中央马克思恩格斯列宁斯大林著作编译局：《马克思恩格斯选集》（第4卷），人民出版社1995年版，P75。

[2] 中共中央马克思恩格斯列宁斯大林著作编译局：《马克思恩格斯全集》（第42卷），人民出版社1979年版，P155。

[3] 中共中央马克思恩格斯列宁斯大林著作编译局：《马克思恩格斯选集》（第4卷），人民出版社1995年版，P80。

[4] 中共中央马克思恩格斯列宁斯大林著作编译局：《马克思恩格斯选集》（第4卷），人民出版社1995年版，P586。

[5] 中共中央马克思恩格斯列宁斯大林著作编译局：《马克思恩格斯全集》（第3卷），人民出版社2002年版，P207-208。

[6] 中共中央马克思恩格斯列宁斯大林著作编译局：《马克思恩格斯选集》（第4卷），人民出版社1995年版，P72。

近一百年前，鲁迅先生在北京女子高等师范学校进行过一次文艺会讲，题目叫做《娜拉出走之后》。他在演讲中深刻指出：

“娜拉或者也实在只有两条路：不是堕落，就是回来。……还有一条，就是饿死了，但饿死已经离开了生活，更无所谓问题，所以也不是什么路。”

“钱这个字很难听，或者要被高尚的君子们所非笑，但我总觉得人们的议论是不但昨天和今天，即使饭前和饭后，也往往有些差别。凡承认饭需钱买，而以说钱为卑鄙者，倘能按一按他的胃，那里面怕总还有鱼肉没有消化完，须得饿他一天之后，再来听他发议论。”

“所以为娜拉计，钱，——高雅的说罢，就是经济，是最要紧的了。自由固不是钱所能买到的，但能够为钱而卖掉。人类有一个大缺点，就是常常要饥饿。为补救这缺点起见，为准备不做傀儡起见，在目下的社会里，经济权就见得最要紧了。第一，在家应该先获得男女平均的分配；第二，在社会应该获得男女相等的势力。可惜我不知道这权柄如何取得，单知道仍然要战斗；或者也许比要求参政权更要用剧烈的战斗。”

鲁迅先生提出的疑惑，一百年后，依旧沉吟至今。问题在这里，答案何处寻？冷冷清清，凄凄惨惨戚戚。恩格斯当年的美好蓝图，“这一代男子一生中将永远不会用金钱或其他社会权力手段去买得妇女的献身；而这一代妇女除了真正的爱情以外，也永远不会再出于某种考虑而委身于男子，或者由于担心经济后果而拒绝委身于她所爱的男子”。[1] 何处去寻觅？留下的或者是不尽的思考。无论思考有解或是无解，但是，思考必须继续行进在路上。

[1] 中共中央马克思恩格斯列宁斯大林著作编译局：《马克思恩格斯选集》（第 4 卷），人民出版社 1995 年版，P81。

古老“诚信”的现代转身

——以商鞅斩木为信为例略论儒家视角关照下的经济伦理

费孝通在《乡土中国》一文中提及，“乡土社会在地方性的限制下成了生于斯、死于斯的社会。常态的生活是终老是乡。假如在一个村子里的人都是这样的话，在人和人的关系上也就发生了一种特色，每个孩子都是在人家眼中看着长大的，在孩子眼里周围的人也是从小就看惯的。这是一个‘熟悉’的社会，没有陌生人的社会”。也就是讲，传统中国看似是一个严密的专制主义制度，其实，皇帝专制的权力不过到县为止，至于县之下的大多数人口，或者地域的管辖，还是依靠的宗法自治。那么，在这样的条件之下，我们才可以讲，中国的社会是一个人情网密布的熟人社会。所以，我们探讨古老“诚信”的现代转身，是在宗法自治解体之下来谈的，不是针对的专制不专制，现代性背景之下专制依旧能够改头换面，而宗法自治的彻底解体与消退却在城市化进程之中成为事实上的应然与必然。

有了这一概念的厘清，我们回来看费老的这一席话，比照当下城市化进程之中的种种反差，我们便可了解到熟人社会不过是历史发展的一个阶段，它既非人类历史进程之中人们所能强加的手段，也非黑格尔所谓之“历史终极目的”（现代历史观典型地体现为黑格尔传统的历史决定论：我们可根据被揭示的历史规律去评价一切文明的发展水平，并预测社会历史的未来走向）。那么，这里面便出来一个关于古今之变的大问题来：熟人社会里的所谓道德，具体而言，所谓“仁义礼智信”，特别是今日所言之“诚信”，究竟应该如何转身，从而实现自身价值的古为今用呢？

在此之前，我们还必须先了解，我们转身之后的社会，即所谓的现代性，究竟是何定义？根据第四代新儒家学者杜维明的介绍，“就思想维度而言，现代性涵盖自由主义（其中蕴涵个人主义）、经济主义、科学主义和人类中心主义；就社会建设目标而言，现代性统摄工业化、都市化、世俗化、民主政治、市场经济和市民社会。现代性指导下的社会和文化改造（或变迁）过程就是现代化，完成了现代化任务的社会（和文明）就是现代社会（和文明）。现代社会与所有前现代社会的根本区别之一，是现代社会把人的物质贪欲视为进步的动力和创新的源泉，而所有的前现代社会都把人的物质贪欲视为洪水猛兽。这与现代社会的制度和主流意识形态直接相关”。了解之后，我们便知道，我们的传统道德，包括刚才所言之“诚信”，都是关于遏止贪欲之个体道德修养问题，并非当下人们口中常言的那个“一手交钱一手交货”的含义。

对于这一问题，陆晓禾老师在《经济伦理学研究》一书中也曾发表过这样的意见：“传统天人合一的诚，属于个人道德理想层次，不是社会和组织对个体的基本要求；朋友本位的传统‘信’，一方面排斥陌生人关系、偶然的市场交易关系，另一方面也有碍熟人之间的公平交易，因此要有适用现代经济关系的诚信规范。”（P142）联系费孝通先生关于传统中国（亦即乡土中国）向着现代中国转型的相关论述，此一论述确属真实情况之客观反映。古时一说“诚”，首先是对着自己说的，天知地知，也是自己知。诚首先是心性所指，至于宋明儒学将之上升为道德形而上，那里面有着反佛的因子，此外便是将原始的道德自律，抹上了一层康德所谓他律之规范学理色彩，究其本质，仍然是在处理自己与自己身心之间的内在关系。

而关于“信”，笔者以为传统中国不单有朋友之信、熟人之信，亦有处理陌生人之间的信，以及作为契约初始阶段的开诚布公之信。譬如下面一例，历来为人所称颂：

秦孝公既用卫鞅，鞅欲变法……曰：三代不同礼而三，五伯不同法而霸，智者作法，愚者制焉，贤者更礼，不肖者拘焉，……治世不一道，便国不法古,故（商）汤（周）武不循古而王,夏（朝）殷（朝）不易礼而亡,反古者不可非,而循礼者不足多。……孝公曰:善,……卒定变法之令。……令既具，未布，恐民之不信，已乃立三丈之木于国都市南门，募民有能徙置北门者予十金。民怪之，莫敢徙。复曰：能徙者予五十金。有一人徙之，辄予五十金，以明不欺。卒下令。

——《史记》卷六十八《商君列传第八》

这是秦汉史料之中最为人知的一则故事，首次将“信”与“开诚布公”的政令联系在了一起。目的是为“明不欺”，从而形成一种契约规范，在这里的“信”并不仅限于个人道德修养的范畴了。1912 年 6 月，19 岁的毛泽东在湖南长沙读书时写过一篇作文。这篇作文不长，仅 465 个字：

吾读史至商鞅徙木立信一事，而叹吾国国民之愚也，而叹执政者之煞费苦心也，而叹数千年来民智之不开、国几蹈于沦亡之惨也。谓予不信，请罄其说。

法令者，代谋幸福之具也。法令而善，其幸福吾民也必多，吾民方恐其不布此法令，或布而恐其不生效力，必竭全力以保障之，维持之，务使达到完善之目的而止。政府国民互相倚系，安有不信之理？法令而不善，则不惟无幸福之可言，且有危害之足惧，吾民又必竭全力以阻止此法令。虽欲吾信，又安有信之之理？乃若商鞅之与秦民适成此比例之反对，抑又何哉？

商鞅之法，良法也。今试一披吾国四千余年之记载，而求其利国福民伟大之政治家，商鞅不首屈一指乎？鞅当孝公之世，中原鼎沸，战事正殷，举国疲劳，不堪言状。于是而欲战胜诸国，统一中原，不綦难哉？于是而变法之令出，其法惩奸宄以保人民之权利，务耕织以增进国民之富力，尚军功以树国威，孥贫怠以绝消耗。此诚我国从来未有之大政策，民何惮而不信？乃必徙木以立信者，吾于是知政者之具费苦心也，吾于是知吾国国民之愚也，吾于是知数千年来民智黑暗国几蹈于沦亡之惨境有由来也。

虽然，非常之原，黎民惧焉。民是此民矣，法是彼法矣，吾又何怪焉？吾特恐此徙木立信一事，若令彼东西各文明国民闻之，当必捧腹而笑，舌而讥矣。呜乎！吾欲无言。

如此看来，我们似乎可见古代之契约社会亦有迹可循。然而我们却须作进一步探讨:商鞅之斩木为信，究竟为何？是为形成一定的经济伦理吗？是为真实地保障市场经济的操作与运行？还是为商品的交换营造一种应有之公正氛围？联系当时出台此一政策的时代背景便可知晓，这不过是法家行帝王之术的权宜之计，并非是为打造一套制度，更遑论为形成促进商品经济的市场规范？商鞅此刻之“不欺”，是为急速地富国强兵，是拿百姓的拥护作为前进的手段。是故商鞅变法，虽导源于旧势力的复辟干预，但也在某种程度上昭示了民心之向背。具体而言，商鞅之连坐保甲，开启人民作为国家机器奴役工具之先河；商鞅之唯耕战论，更是胚胎出一种全民性急功近利之经济理性头脑。

知人论世之后，我们会发现，陆晓禾老师所言，乃是就传统中国之普遍经验上讲的，商鞅的这一个案并不牵涉在内。倘若细细剖析商鞅斩木为信的案例，透过背后的精神实质，也是通于传统诚信观的灵魂。商鞅之诚信观，是法家特有的诚信观，与作为主流意识形态、统治中国几千年的儒家官方话语，以及士大夫阶层对于诚信的自我践履路径，根本上就是相背离的路向。

那么，如何实现古老“诚信”的现代转身？笔者以为当务之急是要分剖开传统诚信作为伦理与道德的不同价值指向。诚信作为道德，是与特定社会意识形态相联系的，是具有某种阶级局限性以及时代局限性的；而诚信如果从伦理的层面来看，是能够不分古今，甚至不分中西，足以进行多元思想互通，或者作为道德契约的前提假设。现在我们的问题可以归结到：怎样才能将传统儒家的诚信道德与经济伦理进行通约？就诚信而言，这个“诚信”必须体现为儒家意义上的特别的诚信，以葆有适合国情之传统特色，同时又与西方民主契约社会追求的诚信不再有本质上的区别。晚清之后，农耕文明逐渐淡出历史舞台，儒家所主张之社会道德开始转为道德之内在心性。诚信作为伦理与道德的维度，这两者原来皆有，现在也都有，不过是侧重的问题。乡土中国仍旧在当下继续存在，所以儒家诚信的那个道德层面也没有彻底失去，同时传统礼教中的诚信资源，作为当代市场经济伦理构建的比重无疑将会越来越大。

参考文献：

［1］费孝通：《乡土中国》，上海人民出版社 2006 年版。

［2］陆晓禾：《经济伦理学研究》，上海社科院出版社 2008 年版。

［3］司马迁：《史记》，中华书局 2006 年版。

［4］毛泽东：《毛泽东早期文稿》，湖南出版社 1995 年版。

“学而时习之”之“学”字本事考及对当下的启示

金知明《论语精读》第一页注“学”为“学习”,空译不若无译,盖“学”之为义,“习”之为义,本义自分明,连用则易流于混淆。将“学”释为“学习”,虽是作动词讲,但不过是个虚词(今之“虚词”不同于古之“虚词”),大义仍旧未明。若推源论之，宜依先秦诸典而究竟。

《礼记·王制》曰:“乐正崇四术,立四教,顺先王,《诗》、《书》、《礼》、《乐》以造士。”如此说来，“学”之内容，不外乎《诗》、《书》、《礼》、《乐》四教。然而我们却不可小觑了这上古“四教”，清代李光地曾对此进行过这样的阐发，“学字，先儒兼知行言……《诗》、《书》未便是目前行处，讲贯而思绎之可也；若《礼》、《乐》，则亲其事，习其节，日用之间，不可斯须去者，便是践行处也”(《读论语札记·学而篇》)。李光地的发微从知行之辩上切入，甚为妥帖得当；然究其“家法”，仍是朴学家言似的训解，落在了字义层面的外围上。

阅朱子《四书章句集注》第四十七页中“学之为言效也。人性皆善，而觉有先后，后觉者必效先觉之所为，乃可以明善而复其初也”这几句，初而惊奇，继而惊喜，继而便觉“极高明而道中庸”。朱子的这番演绎，并非空穴之来风(以讹传讹，将错就错),《白虎通》云：“学者，觉也，觉悟所未知也。”这是朱子得以继续发挥的“原材料”。朱子此番注解，着力于两处而点拨大义:一是训“学”为“觉”;一是引申而为“先觉觉后觉”。

因此我们可知，学习的真义绝不仅在于通晓一技之长，掌握某一具体的材料知识，而是要通过效仿贤哲去领悟一种理性觉悟的自在境界；学习的起点不应该是“空诸依傍”，不应当万事都任由己性，应该有一定的道德约束以及自律意识，而这一道德约束感的获取，最佳的途径是仰慕并效习先哲之遗德遗行；作为学者，主要的任务不仅在于让自己成器，在“自渡”之外，还要承继起历史传承的神圣职责，主动地去发善心、为善行，真诚地尽自己“先觉”之所能去“觉后觉”。倘果能如此，方不愧于圣贤训示这一“学”字的苦心深意。

论友道

人有五伦，朋友是特殊的一伦。其他的四伦由天定，唯此一伦由人来定。其他的四伦是“礼”的精神，朋友这一伦是“乐”的精神；“礼”的精神使人与人分别，“乐”的精神使人与人凝聚。人与人是需要有分别的，却不能只有分别，只有分别的人际是冷血的人际。倘使人与人之间只以血缘定，那么社会的一切则不必变化，那么社会的一切则必定僵化。友道这一伦，是极其重要的一伦。

友道要落实在心上，也要落实到事上。只是落实在心上，则不免于浮泛，没有了事作为载体，久而久之，你的心便与他的心不能通，久而久之，此心便不能熟悉彼心，两颗心便不能温润相处，隔膜的棱角便开始出现。单是落实在事上，也不容易持久友情，事与事之间的来往如果没有了心的沟通，那只是物质的来往，那只是利益的来往，物质利益一旦开始消失，友情便因此而沦丧殆尽。友道首先要有颗纯粹的心，有颗与人为善的心，有颗能够自立而不依赖于人的心，如此的友道，才是纯洁的友道，才是平等公正的友道。先立下这颗友道之心，而后可以谈论各项大小事宜——不管是论道之内的大事，还是论道之外的小事。

友道之于己，是修身之道。牟宗三先生说，人不可“孤学寡友”，必须“亲师取友”，以期道义相勉，学问相益。这样的修习，首先是为己的学问。学问不好，首先要问的是自己；学问极好，便是因为日日返诸己。按照唐君毅先生的说法，“学问”一事归结起来，其实是个“人学”，是个“人的学问”。人的学问的根本，就是要把外在客观化的东西重新收回到自身，即牟宗三先生说的收回到“本体”。而要成就这为己之大学，不仅要靠“自觉”，也要靠“他觉”；“自觉”虽是根本，人性却总好偏私，偏私总是附丽于人心之上的，是不易被自己察觉到的。即便察觉得到，却因了既有的惯性和惰性，是不易被自己检讨和更正过来的。所以我们需要“他觉”，所以我们需要重构友道。现代人不能立地成佛，只能在人与人的关系之间去成佛，因此友道间精神之提撕、志趣之激荡固不可少，友道间向上之劝诫、向下之警醒固不可少。

友道之于人，是为仁之道。友道之为仁，关键在乎知人，而知人又贵乎知心。人与人要真正地将力量凝聚起来共同为善，则必须要相互之间求得放心。真正的知人知心，不是为了要得到知识和物质，不是为了要得到用人的权术，而是为了相互之间求得放心。既然相互之间能够求得放心，那么便可以渐逼归定向之行事，继而能有广泛的为仁之事功。唐君毅先生所谓“由知成信，由信显行”，然后聚多人之共行，以成一社会中之为仁大集体，转移当下之虚无散漫冷漠之时风。梁漱溟先生晚年曾发过一句感慨，“中国人没有中国人的味道”，这话的意思是，当下的中国没有了旧邦中国的人情味了。当下所谓的“人情味”全是一番敷衍和假意，一旦没有物质利益作支撑，“人情味”便是“今日可有，明日可无”的空穴之风。旧邦之人情味，是真实的人情味，反映的是淳朴的民风民情:路不拾遗，夜不闭户，不患贫而患不均，不患寡而患不安，老有所终，幼有所长，鳏寡孤独废残者皆有所养。虽然也是乱世多而盛世少，但即便在战乱的流年里也维系有这样一份人情，无需多寻实征，历代诗词中这样感人的篇章就比比皆是。

友道之于国，是友道之于人的扩充。讲友道，除了友天下之善士，还要“上友千古，下友百世”，如此方可开阔心胸。林和靖之友梅妻鹤子，辛幼安之友青山松竹，皆是以造化万物为师为友。充实和光大友道，还得于百姓日用之间去寻得。不通地气，不通民气，则友道的滋养便无源头的活水，则友道的维续便难葆长久的生气。落地为兄弟，不独是人与人，人与物、物与物皆是如此，将磅礴万物以为一，庄生之齐物说，庶几近道矣。

“中心如自固，外物岂能迁？”
——阅《二程遗书》有所思

上海古籍出版社十余年前编订之《二程遗书》(2000年版)，大类孔夫子之语录体，以师门之互动问答，葆续古圣之涵养功夫。全书有破有立，而破者有三：曰文章文辞，曰训诂考据，曰“异端邪说”。“异端邪说”之中，又以佛学之禅宗为大敌，道教之黄老学派则次之。

二程之学说，实不能“一言以蔽之”；倘要强其不可为，则“固中心”三字可也。中心既固，外物自不能迁，学说之种种，由此发其端。开篇之言教，便力辟后世人“空言无益”之诬辞，阐发“修辞立其诚”之为学为己义。大事小事，却只是个忠信，心中倘不先有个“诚”字，则一切大事小事皆不能够成就，或曰，终不能成其正果。“治经为传道居业之实，居常讲习，只是空言无益”，此问无乃大谬乎？先师尝曰：“学之不讲，是吾忧也。”学者只一人，自然抵不过流俗去，故曾子乃畅以文会友，以期以友辅仁。朋友之讲习，相互之磨砺激发，岂可轻废？清谈固可误国，然当东晋、晚明之世，纵无士人之清谈，一姓之江山苟或免乎亡？士人之清谈自何而来？朝政之岌岌危情触于耳目也。如此倒因为果之问，浑作一番糊涂之推咎耳。

钱宾四先生尝言，“近世著书，猎奇炫博，于人心世道，绝无所关”，观二程之“无益空言”，方知义理之学可以养心。求垂教之本源于心性，求心性之本源于宇宙，极广大而致精微，极高明而道中庸，岂徒名物训诂、典章制度之细碎繁文哉？清儒之朴学，之于宋明道学家实乃一大反动，之于两汉经学家实乃一大承继，二者之疾患，皆在罕及本体以致迷失心性。经学之肇始，原是与理学相攸关，曰“经学即理学”，又曰“训诂明而后义理明”，然清学于文字罗网之下颓波日降，饾饤琐碎，繁称博引，已是忘大体而入歧途。

忘大体而入歧途之究竟，无乃于道外寻性，又于性外寻道。道在己，不是与己各为一物，可跳身而入者也。训诂考释之讲究，本非大道，一味拔擢，恐生隔绝“道”、“己”之弊，向道之途不亦渐行渐远乎？圣贤之千言万语，只是教人“求其放心”而已矣。求其放心者，便是“将已放之心约之使反，复入身来，如此则自能寻向上去，下学而上达也”。前番阅马一浮先生之《尔雅台答问》，字里行间真乃好气象，龙象庄严，庆云祥和，真如江海之开阔：其答人之书，言语似缓，而其意则切；待人接物，无一语懈怠，下笔一丝不苟。一世大儒之称谓，实不枉矣。而细究其所述之宗旨，始终一贯，无非云为学在求诸己，切不可存欲求于外之心，又言经术义理不能相离，否则只是支离之学，全无功夫。马一浮之言经术义理之一体而贯，此无乃承继二程之遗风致然？

或有人曰，古人之论学，一向注重学问之“问”，故《易》之文言云：“君子学以聚之，问以辨之，宽以居之，仁以行之。”《中庸》云：“博学之，审问之，慎思之，明辨之，笃行之。”子夏又云：“博学而笃志，切问而近思，仁在其中矣。”……所以学人治学，亦称问学。于此说二程夫子深不以为然，“大凡学问，闻之知之，皆不为得。得者，须默识心通。学者欲有所得，须是笃，诚意烛理”，单是“问学”，言入乎耳却不著乎心、不见乎诸己之行事，虽曰学之，仍是无学而已。孟子达公孙丑问“何谓浩然之气”，曰：“难言也。”伊川先生于此感慨，“只这里便见得是孟子实有浩然之气。若他人便乱说道是如何，是如何”，此大抵亦是究其反身诸己之义，“固中心”实乃修养为己之学之第一要门，圣人尚不敢乱道答人问以自欺，“问学”之人又岂能将“学”颠倒作“问”？一味寻问者，终只是未有所止，内不自足也。

“人于外物奉身者，事事要好，只有自家一个身与心，却不要好。苟得外面物好时，却不知道自家身与心已先不好了也。”伊川先生此语，换作《红楼梦》中《好了歌》之注脚，却是再恰当不过。盖谓自家原是天然完全自足之物，若于时风之间污坏损折，便是诸己之中心不固，亟须“敬而治之”，使之复如旧。倘若中心能自固，则任凭外物来迁荡，终究不能易其皓皓之白。

虚敬以学

对于“孔夫子”,我们似乎从未明了“夫子”二字的深意。我们嘴上的“孔老二”,虽然只是句玩笑话,但也与冯友兰《论孔丘》中的“大不敬”庶几无别。夫子生前的数十载之间，固然未曾煊赫，未曾如日中天，用今人势利眼看来只配得上“落寞平凡”四个字。然而身处一个“礼坏乐崩”（杨立华教授之更正语）的乱世，只有“落寞平凡”才见得出夫子一生的伟大来。夫子也想做官，为自己扬名声、显父母，但夫子的做官之心是纯然的报国之心，此心极其醇厚极其笃信，大异于当下“毫不利人，专门利己”的碌碌诸公。

太史公《史记》记载 :“然鲁终不能用孔子，孔子亦不求仕，乃叙书传礼记。有杞宋、损益、从周等语。删诗正乐，有语大师及乐正之语。序易彖、系、象、说卦、文言。有假我数年之语。弟子盖三千焉，身通六艺者七十二人。弟子颜回最贤，蚤死，后惟曾参得传孔子之道。十四年庚申，鲁西狩获麟，有莫我知之叹。孔子作春秋。有知我罪我等语，论语请讨陈恒事，亦在是年。明年辛酉，子路死于卫。十六年壬戌、四月己丑，孔子卒，年七十三，葬鲁城北泗上。”回望夫子晚年的这段岁月想见其为人，作为后生小辈的我每每感喟不自禁。夫子一生虽然“落寞平凡”，但却能于满目疮痍之间“知其不可为而为之”，这正是他平凡而不平庸之处，后世人经常拿“平凡”二字来敷衍自己，让这两个字成为自己安逸堕落乃至腐化蜕变的“理论慰藉”,实在是不通晓“平凡”之否定以及“否定之否定”的背后意思，或者是不愿去理解、不敢去正视为达到“平凡”而需要付出的心血心力。

正因为如此，我们对于夫子，应当具有“一番极广博极诚挚的仁慈之心”（钱穆语）。苛责古人从来就不是件难事，只要将古人抽象化、脸谱化、工具化，便可达到自己“项庄舞剑，志在沛公”的批判目的。可苛责古人从来就不算什么本事，因为古人早已无法从地下起来与你争辩；倘使他们真的能够“起死回生”，恐怕我们在面对他们渊博的学识与博大的胸襟时，剩下的却是“望洋向若而叹”的另一色羞赧表情。既然无法起夫子于地下，那我们唯有对夫子怀揣一份“虚敬以学”的心情，方可于千年之外与夫子进行精神往来。具体到涵咏之法的操作程序，宋代的二程为我们指明了可供参照的读书路径。程子曰：“读书者当观圣人所以作经之意，与圣人所以用心，圣人之所以至于圣人，而吾之所以未至者，所以未得者。句句而求之，昼诵而味之，中夜而思之，平其心，易其气，阙其疑，则圣人之意可见矣”；“学者须将论语中诸弟子问处便作自己问，圣人答处便作今日耳闻，自然有得。虽孔孟复生，不过以此教人。若能于语孟中深求玩味，将来涵养成甚生气质”。

程子曰：“今人不会读书。如读论语，未读时是此等人，读了后又只是此等人，便是不曾读。”读书若不能变化气质，只能证明自己的读书只是在用眼，没有用上心。我一直以为，阅读当代的作品可以只用研究的态度，而阅读古代的经史子集不可只用研究的态度。研究者所要求的，在自己要头脑冷静，要纯理智，用钱穆先生的话说，就是“把人生的热和血冷静下来，把人生的情和欲洗净了，消散了，来探求所谓科学真理，那些科学真理对人生有好处，至少也得有坏处”，为什么一味客观的研究态度不一定是最佳的读书法，这是因为“先把活的当死的看，待你看惯了死的，回头再来看活的，这里面有许多危险，只怕养成了你把活人当死人看的那种心理习惯”。所以我们阅读《论语》以及先秦诸子时，切不可拘泥于主客二分的那套解剖理论，最宜养成“虚敬以学”的心思，“将圣人言语切己，不可只作一场话说”，以期达致“人书合一，古今合一，知行合一”的三重境地。

哲学之“用”，在乎启人心智
——阅读中国哲学书的一点提倡

天地有大美而不言，在思辨的天地里，不经省察的人生难以称之为真正的人生，哲学因其对人生两端的不懈叩问而成为“玄牝之门”，而成为“万物之母”。尼采有言：“一个人知道自己为了什么而活就能够忍受任何一种生活！”可这样的理想境界于常人而言，总是那样虚无缥缈。因其虚无缥缈，所以感觉遥不可及，于是选择纵情纵欲，乃至于自暴自弃。

“从善如登、从恶如崩”，这一古训实在是形象贴切，修习功夫的养成正如攀登泰山的十八盘，需要下定大气力然后方可见一二成效。又如逆水之行舟，倘若于不经意中荒废一段时日，则这修习功夫上已经见到的一二成效，都会被一一返还甚至于倒退。故世人皆言求学向道之苦或胜于农桑稼穑，此非独读书人有是心也，人皆有之。我之主张，在于世人不必专一为学，亦即无需将学问作为职业来对待，可以不作读书的本职，但不可不存读书的本心。即便是自己力有所不逮，也应由“附庸风雅”发端而至循序渐进，最不济者，则务必于心间葆续“敬惜字纸”之敬，劝导子孙求学向道之志，为诗书人家的培育尽一份心力。

先秦诸典，首推六经。然而世异则事异，继而事异则备变，故读书修习之内容不宜拘泥。虽然，却也不可太过放纵。有人倡扬无厘头的“自由主义”，说什么愿读什么书就读什么书，想怎么读书就怎么读书，这样的“自由主义”实则是一“虚无主义”。北大陈平原先生针对这一“虚无主义”

有过这样的批评，“有人说学生喜欢什么，就给他读什么，大家高高兴兴，我说不对，教育本身带有强制性，经过好多代人的知识积累，觉得某种知识是必需的，所以教给学生。对于一个中学生，只要他读自己喜欢的书是不合适的。因为处于他的年龄，还无法判断自己需要学习什么样的知识。教育本身的权威性不能完全否定，虽然这一套制度将来也必须反省”[1]。解决了不该完全“放手”的问题,就应该列书目了,但“文章”毕竟“无定法”，有“定法”的文章就有八股作文的嫌疑。所以我的意见是首先应该读读哲学书，有人以为哲学书太难懂，那我可以附加一个限定，先读读中国的哲学书，“从古至今”读或者“从今至古”读都可以，关键要看个人的爱好与禀赋。也有人说，中国的哲学书过于飘缈玄乎，有中医药和太极拳的味道，不大好把握。我却以为这“不好把握”既是缺点也是优势，它留足了你思考判断的开放空间，让你不必过早地“被洗脑”。同时，中国的哲学书与中国人历史基因相吻合，去掉最基本的“之乎者也”，便是人们耳熟能详的成语谚语，并非如某些人所言是杀死脑细胞的最佳武器。再次，中国的哲学书起点较高，与当下浅易的太过粗俗的中小学教材相比，绝对适合“隙中窥日”的少年仔细涵咏；若一本教材刚发到学生手上，只用一天时间就可以毫无悬念地翻完，这很难让人承认它是一本好的教材，在当下这样一个过分强调“浅阅读”或者“软阅读”的解构主义时代，提倡读书过程中有价值的难度训练,无疑有助于矫枉助其正。唐太宗《帝范》卷四:“取法于上,仅得为中;取法于中,故为其下。”此一英明的“君主论”抑或“帝王家训”，至今仍有其殷鉴的需求。

应该培养起阅读中国哲学书的思考兴趣，却不应该要求自己只阅读中国的哲学书。外国的也要有所涉及，非哲学类的更要去“随便翻翻”。中国的哲学书是传世的经典，这话不假，但是“只读经典是很难和现实人生发生关系的，假定中国有十部经典，而你只读这十部，其他都不懂，那你

---

[1] 陈平原、王颖：《将阅读作为一种生活方式——陈平原访谈录》，《教研天地》2009 第 2 期，P6—P9。

就相当于生活在保温瓶里，没有接触现实人生的经验和能力。不懂论语孟子是知识缺陷，不懂当代文化也同样是缺陷”[1]，从这个意义上来讲，我们必须要拥有“前见古人，后见来者”的广博胸襟，切忌学习那“闻道百，以为莫己若”的河伯。但古今中外的书籍早已是泛滥成灾，那鲁迅先生的“拿来主义”又应该如何具体操作呢？这就需要淬炼自己生长出一对“火眼金睛”来，“外之既不后于世界之思潮，内之仍弗失固有之血脉，取今复古，别立新宗，人生意义，致之深邃”，这便是淬炼出一双“火眼金睛”、烛照出绝世好书以及传世好书的至高标准。

[1] 陈平原、王颖：《将阅读作为一种生活方式——陈平原访谈录》，《教研天地》2009 第 2 期，P6—P9。

途穷未必官能弃，棋败何曾卒向前？
——我观胡适之先生

民国初年，年轻的胡适从太平洋回到中国，就任北京大学教授，辜鸿铭扬言："古代哲学以希腊为主，近代哲学以德国为主，胡适不懂德文，又不会拉丁文，教哲学岂不是骗小孩子？"据当时士林文宿对胡适之的评价来看，胡适正是因为思考不够深入，所以为当时的很多学术中人所不屑；也正因为这个原因，受到广大群众欢迎。

打个比方来说，譬如一座城，胡适总是在外围丈量其城墙与平方，却总不见宗庙之美、百官之富。而其丈量得有板有眼、有理有据，故能吸引同样从城外观看的读者，因为读者也是不见宗庙之美、百官之富。故其说孔子之仁是让人培养好习惯，梁漱溟就立马反对：习惯正是害事的，应该破除。胡适有说《坛经》是神会和尚作的，和铃木大拙辩论，铃木只说你不实证，只知道看文字。胡适又说："既然丧期可以戴银框眼镜，为何不可戴金框眼镜。"牟宗三先生就说你不懂儒家，戴金框眼镜就已沦为禽兽了。胡适开了一个国学基础必读书目，执教上庠数十载的吕思勉看了便反对："既然是基础书目，为何有些书老者宿儒都没读过或读起来都十分艰难，譬如《九命奇冤》我就没读过，但因为这个就说我连基础都没达到，我就不服。"胡适之学，完全是用西方实验主义哲学来丈量中国的学问，故总不得其门而入。国内学术界有讨论国学院是否成立的事，胡适晚年告诫学生不要搞国学，他研究考证了20年的《水经注》，也没研究出个结果。我听了就想反驳，胡适搞的是中国的学问，中国的学问就仅仅是考证了？

近来观看梁启超的书话，也有这样一段反对胡适必读书目的话，“依我看，胡君所列各书，大半和《金石萃编》、《窓斋集古录》、《殷墟书契考释》、《水道提纲》、《朔方备乘》、《元史译文证补》等同一性质，虽不是不应读之书，却断不是人人必应读之书。胡君《复清华周刊信》说：‘我的意思，是要一班留学生，知道《元曲选》等，是应该知道的书。’依着这句话，留学生最少也该知道《殷墟书契考释》、《朔方备乘》是应该知道的书，那么，将一部《四库全书总目》搬字过纸，更列举后出书千数百种便了，何必更开最低限度书目？须知‘知道’是一件事，‘必读’又别是一件事。我的主张，很是平淡无奇，我认定史部书为国学最主要部分。”经史是主，经为理，史为事，理不离事，事亦不离理。若读史不读经，自在倒是自在了（所谓“经不如史，史不如子”），但舍弃了民族学问的根本追问，似乎有些得不偿失；另外，读史的难度并不亚于读经，起码唐代以后所确立的经书如《论语》、《孝经》等，其晓畅之句读绝然在《元史译文证补》之下。

除去学术思想之上与传统硕儒有着诸多抵牾之处，胡适之在“但开风气不为师”的文学领域（诸如白话文的提倡、新诗的改良）也似乎显得太“隔”。虽不否认其对中国现代文学起了巨大求新求变的推动力，但与此同时我们也必须正视胡适之所倡扬之白话文学观的负面影响。“首先，中国几千年来创造的灿烂文化或者说中华民族文化的精华，大部分是用文言写就的，当我们废除古文改用白话文后，新一代的读书人已经不能流畅地阅读古文献了，这严重削弱了文化的传承功能，如果我们不能继承并复兴传统的优秀文化，我们就会失去民族精神的根。其次，文言经过几千年的锤炼，其简练、蕴藉、典雅的美质已经深嵌在语言的骨髓中，白话文难以企及。白话文的浅白、粗疏、缺乏乐感客观上已经损害了文学的发展，这值得我们认真关注与反思。”[1]而就新诗改良的角度观之，胡适之虽是一个不容抹

[1] 王光利：《胡适诗学批判》，浙江大学博士论文，P2。

杀的巨大存在与影响因子，但诗体大解放主张的负面影响也极为突出：诗体形式的大解放与绝对自由，其实就是“无形式”或者“无诗体”，而无形式极容易导致诗意的丧失与新诗写作的散文化。曾记本科之时，魏建教授就曾半开玩笑：“你说人家的散文写得像诗，那人家会很高兴；如果你说人家的诗写得像散文，那简直就是骂人了。”诗的思维极具跳跃性，倘若一味地只是平铺直叙，那绝然难以玩味出“诗情画意”来。

在胡适之“但开风气”之后，“随着新诗创作渐渐越过了幼稚的初期白话诗阶段，且经过了注重形式建设的新月派，到了三十年代，终于出现了相当成熟的现代派写作，胡适的理论开始受到了广泛的批评。朱光潜、梁宗岱、废名、李健吾等重要的文学批评家，无不反对胡适的语言观和诗观。他们或是对西方现代诗与诗学加以引介，或是对古典文学传统重新打量，或是对时人的写作进行探讨，清理了胡适的一系列‘反现代性’甚至‘反诗’的诗学观点，并且表现出对于现代诗语的很多睿见卓识”。[1] 而恰恰值得关注的是，以俞平伯、宗白华、闻一多等为代表的后继新诗创作者，之所以能够不再将白话新诗打造成为“两只黄蝴蝶，双双飞上天”的模式，除去放弃使用矫枉过正的“故意为之”策略外，极为重要的一点，便是努力使现代新诗接续上古典诗歌之抒情传统，不是把古今之“隔”当作广告新诗的卖点，而是让古典诗歌之源远血液流注入新诗体内，弥补胡适之先生新诗创造之贫瘠理论与实践。自此，中国之新诗创作方进入到“不以白话论英雄”的成熟阶段。反而观之，我们若要追溯胡适之先生缘何“只开风气”而不能为“师”，我们便需要回到本文开篇学术思想的中西之裂上来进行重新探求了。

汪荣祖先生在《胡适历程的曲直》一文中谈到：“胡适的学问虽涉及哲学、文学、史学，但以严格的标准而言，都不甚‘精熟’，他最在行、兴趣最浓的还是考据,这正是胡适在学术上博而不精的特色。胡适一生‘外

[1] 江弱水：《古典诗的现代性》，生活·读书·新知三联书店 2010 年版，P271—P272

务’太多，也不可能有太多的时间治学。”[1] 细思汪老此一番公正平和之历史评论，悬想胡适之先生“犹如过河卒子，惟有拼命向前”的一生，我们便可知晓，“脚踏两只船”的胡适之先生，于现代学界及诗坛而言，皆非如当下时人所追捧那般是一“健全的榜样”。任何神话民国时期才子佳人的矫作行为以及广告行为，皆不通向学之真实路径；历史之“真”与历史之“善”，都需要经过一番究竟之彻查才能逐渐明晰。

[1] 汪荣祖先生在《胡适历程的曲直》一文中曾记：诗人周弃子的《忆雷儆寰》长句就是明忆雷震，暗讽胡适："无凭北海知刘备，不死书生惜褚渊；铜像当年姑漫语，铁窗今日是凋年；途穷未必官能弃，棋败何曾卒向前？我论时贤忘美刺，直将本事入诗篇。”能辞“闲差”而不能辞尊荣的院长“高位”，诗人说“途穷未必官能弃”言之固重，却令人感慨无限。胡适尝言，犹如过河卒子，惟有拼命向前；然而，他虽鼓励别人拼命向前组党，而自己绝不做党魁，事到临头，亦未拼命向前，连探监的一步，都跨不出去。

国家不幸佛家幸

——浅谈东晋南北朝的分裂对释教东传之“化”功

佛教入中土之初始时期，大抵于西汉末东汉初。赵朴初老居士所编著之《中国佛教史略》[1]中言：明帝永平十年（67年）明帝夜梦金人飞行殿庭，明晨问于群臣。太史傅毅答说：西方大圣人，其名曰佛；陛下所梦恐怕就是他。明帝就派遣中郎将蔡愔等十八人去西域，访求佛道。蔡愔等于西域遇竺法兰，摄摩腾两人，并得佛像经卷，用白马驮着共还洛阳。帝特为建立精舍给他们居住，称做白马寺。于是摩腾与竺法兰在寺里译出《四十二章经》。这几乎是汉地佛教初传的普遍说法，也为我国历史教科书所采用。佛教传入中国之后，到了后汉末叶桓灵二帝的时代（147—189年），记载才逐渐翔实，史料也逐渐丰富。其时西域的佛教学者相继来到中国，如安世高、安玄从安息来，支娄迦谶、支曜从月氏来，竺佛朔从天竺来，康孟详从康居来。由此译事渐盛，法事也渐兴。

然无论西汉东汉，文治武功一本先儒，佛教初兴，星星之火，难为燎原之势。待至东晋南北朝，关河燕赵，羌胡纷争，佛陀之说便因利乘便、宰割天下。何也？民生之苦，难耐现世劫数，终须一精神至高力为之调和，此乃“佛家幸”之现实政治因素，然此现实因素自与文化经济诸要素相关联。除此之余，天竺圣典初化东土之时，夷夏之隔，恍若天壤之悬，音传之功，实仗大贤圣者。天时人和之外，还倚地利。地利亦须因缘聚合。南

[1] 赵朴初：《佛教史略》，知识出版社1980年版。

北分治之间，何以“南之建康，北之洛邑，寺逾千百，僧至亿万”，概与崇福于洪谷之高洋、舍身于同泰之萧衍大为相关。“上有所好，下必从之”，古今一理。自此，我们统而述之，自上有皇帝之发扬，自下有人民之依归，中而幸得硕学大贤如罗什之辈，天时地利人和具备，国家不幸之时，佛家竟于万木霜杀之间一枝独秀。

一、“因无所往而生其心”

郭盛民《中国禅宗的教育精神与生命智慧》[1]一文中尝言：“禅宗以对生命的终极关怀为切入点，试图通过对人的生命的价值体认，或者说通过对现实生命本体的意义阐释，化解人对生死和终极问题的迷茫与恐惧，从而在世俗和神灵之间找到一个契合点。”禅宗如此，包括禅宗在内的佛教各派教义亦无例外。然除去“对生死和终极问题的迷茫与恐惧”，还有很大部分的兴发缘由与对现世的深沉忧患密切攸关。

笔者以为，“忧患意识”四字实为我中华民族最具悲凉色彩之特性。纵观各大种群之起源，神圣罗马有基督庇佑，西亚战地有阿拉护法，南亚陀罗有释迦普渡，唯吾五千年来古国，将现世与来世融而为一，或曰中国之理性精神，或曰中国之人文传统，此二说皆若隔靴搔痒。将今生果报与来世合二为一，起自周公治礼，定于夫子删经。“思无邪”之外，或存来世之福音，或存超脱之迷信，一概视之为“怪力乱神”，一统无存。自兹始，吾国中土劳民，进无突破专制周期律之苦口良方，退无彼岸世界之心灵自欺自慰。唯有无尽无止之昼夜劳作，唯有无爱无恨之麻木面容，终至于酱缸，终至于死水，终至于吃人之循环。故身处华夏土地之任一同胞子弟，上至身披逆鳞之君王，下至沿街托钵之乞儿，无一日不存忧患，无一地不存忧患：思量上老下小，思量天地君师，思量风调雨顺，思量他人地狱，思量生老病死，思量全身避祸……印度梵人，因其彼岸之期许，视生死而为一，

[1] 郭盛民：《中国禅宗的教育精神与生命智慧》，《学术交流》2012年第10期，P209。

正如庄子所言，“生如附赘悬疣，死如决疴溃痈”，吾华夏之民却不然，“留得青山在，不怕没柴烧”，“好死不如赖活着”，正因了前方“路漫漫其修远兮”，还有待“天将降大任于斯人也”……此一忧患意识，诚不知福耶祸耶？生命无法承受之重，而又命中注定般必须承受，是故“因无所往而生其心”，佛教于东晋南北朝大分裂大动荡之际传入，非独外在政治上皇纲解体之故，上下君民因缓解此一“忧患意识”而生发之内在身心需求也与之休戚相关。

二、“妙兼梵汉为宣译”

如汤用彤校注的《高僧传》绪论所言，“两晋南北朝时期之史书以僧人传记最为发达，其名见于慧皎《高僧传》、《隋书·经籍志》及诸目录、类书者极多”。[1] 于此暂列《高僧传》中两位核心之译著贤者，以彰显其“妙兼梵汉、宣法弘道”之功德。

鸠摩罗什，此云童寿。天竺人也，家世国相。什年七岁，俱出家，从师受经，日诵千偈。偈有三十二字，凡三万二千言。诵毗昙既过，师授其义，即自通达，无幽不畅……凡所出经论三百余卷，唯十诵一部未及删烦，存其本旨，必无差失，愿凡所宣译传流后世，咸共弘通。今于众前发诚实誓：若所传无谬者，当使焚身之后舌不燋烂。以伪秦弘始十一年八月二十日，卒于长安。是岁，义熙五年也。即于逍遥园，依外国法，以火焚尸。薪灭形碎，唯舌不灰……[2]

“舌不燋烂”之说概是宗教的说辞，然其“凡所宣译传流后世咸共弘通”却并非虚妄。顾伟康师《金刚经解疑六讲》[3] 一书曾以《金刚经》的六译比

[1] （梁）释慧皎著，汤用彤校注：《高僧传》，中华书局 1992 年版，P1。

[2] （梁）释慧皎著，汤用彤校注：《高僧传》，中华书局 1992 年版，P45。

[3] 顾伟康：《金刚经解疑六讲》，上海古籍出版社 2011 年版。

较为例专章谈论“为何鸠摩罗什译本流传最广”等系列问题，在此不再赘述。

释道安，姓卫氏，常山扶柳人也。家世英儒，早失覆荫，为外兄孔氏所养。年七岁，读书再览能诵。乡邻嗟异。至年十二出家。神智聪敏……初经出已久，而旧译时谬，致使深藏，隐没未通。每至讲说唯叙大意转读而已。安穷览经典，钩深致远。其所注《般若道行》、《密迹》、《安般》诸经，并寻文比句，为起尽之义，乃析疑甄解，凡二十二卷。序致渊富，妙尽深旨，条贯既叙，文理会通，经义克明，自安始也。自汉魏迄晋，经来稍多，而传经之人名字弗说，后人追寻莫测年代。安乃总集名目，表其时人。诠品新旧，撰为《经录》众经有据，实由其功。四方学士，竞往师之……[1]

值得注意的是，道安到十五岁之时，对五经文义已相当通达，出家后译著的佛教经义之所以能够“条贯既叙文理会通”，与道安顾及出身儒门的读书人的阅读习惯以及接受心理密切相关。此外，道安的主要功绩实际在乎“总集名目表其时人”：正是由于道安综合整理了前代般若、禅法、戒律等系佛学，遂使原本零散的佛学思想，得以较完整的面目呈现于世，因此，道安大师被视为汉晋间佛教思想的集大成者。

三、“上有所好下必从”

据顾伟康师课堂所述，建元十八年（382 年）苻坚遣大将吕光（338—399 年）统领雄兵七万西伐之事，据《僧传》，苻坚为吕光于建章宫饯行时，特地关照：“夫帝王应天而治，以子爱苍生为本。岂贪其地而伐之，正以怀道之人故也。朕闻西国有鸠摩罗什，深解法相，善闲阴阳，为后学之宗。朕甚思之。贤哲者，国之大宝。若克龟兹，即驰驿送什。”继之有破凉州之后秦国主姚兴（366—416 年），对罗什十分敬重，待以国师之礼。宗室

[1] （梁）释慧皎著，汤用彤校注：《高僧传》，中华书局 1992 年版，P177。

显贵如姚旻、姚嵩、姚显、姚泓等，都信奉佛法，尽力维护。姚兴为罗什开辟了逍遥园西明阁译场，开始译经。他更以国主之力，召集了当时长安洛阳的名僧参加译场，协助罗什工作，其中僧肇、僧睿、道生、道融等人，都是一时俊杰。天假其人，《金刚经》之鸠译本，遂以姚兴为大护法，得以问世。而以下之真谛三藏（西天竺优禅尼国人），为印度佛教史上大名鼎鼎的世亲菩萨的嫡传。梁武帝（465—549 年）中大同元年（546 年）携带经论来华，在中国南海（今广州）登陆，二年后（武帝太清二年秋）到梁都建业（今南京）。“佛心天子”梁武帝躬申顶礼，供奉于宝云殿，设立译场，传译经典。[1]

刘梦溪先生尝言：“中国两千多年来的学术流变，有三个历史分际之点最值得注意：一是晚周，二是晚明，三是晚清。都是天崩地解、社会转型、传统价值发生危机、新思潮汹涌竞变的时代。”[2] 今之传记学者以及学术超男，经常借题发挥而言“乱世出大师”。本来，“乱世出大师”在具体的语境之下，本可自圆其说；然而，若是在论述之中由“乱世出大师”一而上升为“大师出于乱世”，则不免招致“矮人看戏、随人短长”之讥。建立宏大的学术资源库，集聚最具实力之学术名家，以及“有理、有利、有节”地进行卓有成效之学术交流互动，无一能够离开国家政府的大力支撑这一真实后盾。今人常言西南联大之旷世无双，殊不知国民政府之经济支持尤为教研之关键力量。由是观之，“上有所好下必从”未必全然“楚网好细腰”之负面影响，崇福于洪谷之高洋、舍身于同泰之萧衍，皆为东晋南北朝佛法之传扬立下了不可磨灭之功勋。

综而言之，佛法之中国化在东晋南北朝至为发达，与“天时”、“地利”、“人和”三者俱全关系甚大。“天时”为此一大分裂大动乱之时期，思想舆论控制（尤其是礼教的束缚）很不明显；“地利”为皇帝支持下的“南之建康，北之洛邑，寺逾千百，僧至亿万”，形成一大上下同心礼佛之地域文化氛围；

[1] 顾伟康：《金刚经解疑六讲》，上海古籍出版社 2011 年版，P6—8。

[2] 刘梦溪：《中国现代学术要略》，三联出版社 2008 年版，P137—138。

“人和”为潜心礼佛之在上统治者以及诸多高僧大德在此一特定时期荟萃集聚，更是避免了佛教东渐过程之中、可能会遇见的人为设障以及文化习俗不通等疑难问题。“国家不幸佛家幸”，东晋南北朝的分裂对释教东传之“化”功，可谓大矣。

参考文献

［1］赵朴初：《中国佛教史略》，知识出版社 1980 年版。

［2］顾伟康：《金刚经解疑六讲》，上海古籍出版社 2011 年版。

［3］（梁）释慧皎著，汤用彤校注：《高僧传》，中华书局 1992 年版。

［4］刘梦溪：《中国现代学术要略》，北京三联出版社 2008 年版。

［5］刘汝霖：《东晋南北朝学术编年》，华东师范大学出版社 2010 年版。

人文与性

性与爱的关系早已是老生常谈的话题，现代人表面上会讲，性要升华为爱才能恒久，但实际上，却也许暗地里觉得一夜情是世间再痛快不过的事情了。没有了神的束缚，心中甚至没有了父母的存在，那么，“过把瘾就死”也是理所当然的人性追求了，至于伦理问题，便是无足轻重的小事一桩。

古人虽云，“饮食男女，人之大欲存焉”，可事实上，古人一向是劝诫世人节制性欲的。有人讲，直到宋明理学才开始束缚人性，我以为不是这样。孔子对“好德”与“好色”的区分，难道不正是“天理”与“人欲”判定吗？张汝伦先生在《时代的思者》一书中提及，“男女相悦，固然有其自然基础，即生物性基础，但男女之事，有性有情，否则就如康德说的，是一堆混乱的动作而已”。这里便引申出“人文”的概念，人文性要求我们超出肉体的束缚，追寻精神的自由。但人文性的基础还是建立在人的肉体之上，也就是说，如果人没有欲望，那么人文性也会随之消失，人文性绝不等同于神性，它是沟通神性与兽性之间的桥梁，说它是过渡阶段，只是就人在历史上的存在而言，哪一天没有了人，也就没有了人文性。

张汝伦先生还在书中讲到，“萨德式的变态的色情行为从表面上看似乎是彻头彻尾的禽兽行为，其实恰是极度扭曲变型的人的行为。动物只有欲望，没有色情，色情的前提是人文存在”。人文性本身就强调对于“性”之类的人类隐私进行遮蔽，“化伪成圣”虽是荀子的说法，但这一理念似乎早已化入常伦，百姓日用而不知了。人文性虽有其虚伪的一面，但倘若是为了善的追寻，那么这一“虚伪”不过是达致向上境界的手段而已，如果偏要举起“宁做真小人，不做伪君子”的旗号，摆出一副“我是流氓我怕谁”的架势，那么恐怕他便如过街的老鼠，人人会对之道路以目了。

肯定人的欲望，自然无可厚非，可必须要有前提存在。这一前提便是人的行为不能为了欲望而欲望，需要有精神性的力量作为行动的支撑。张汝伦先生告诫我们，“以单纯肯定人的欲望为底色的人道主义或建立在人的动物性上的人性观，得到的绝不是人的解放；而同样是人的异化和人的奴役”。由此可见，欲望诚可贵，能够做到超越欲望，那么你达致的自我价值，便会更高。人是动物没错，关键在于人是高等的动物，懂得“仁义礼智信”的可贵，懂得“温良恭俭让”的重要，祛除了人文性，仅剩下一副“赤条条来去无牵挂”的皮囊，那还称得上“宇宙之精华，万物之灵长”吗？

杂而不乱

“杂乱”相称，是今人的说法。古有“杂家”，是就一门学派而言。班固分梳诸子，便以“杂家”为九流之一。《吕览》、《淮南》，以及《列子》的部分散言，以及《周易》为各家所用而成就的篇章，无一不有着“杂”的味道。然而“杂”并非“乱”，从考镜源流的角度来看，上述著述皆博采众长，而又能自立纲要，可见“杂家”并不杂。

今人动辄以“专家”自命，视“杂”为洪水猛兽。他们坐在井里面，洋洋乎自得其所。比若一古典文学教授，你问他李商隐的无题诗，他只管摇头，“我的研究领域是中唐，晚唐与我无涉”，风乍起，吹皱一池春水，干卿何事？如有甚者，他反问你一句，“是何专业”？你若是中文系的本科生还好，若答是新闻专业的学生，他便有理由老羞成怒，痛斥你“不务正业”。且何谓“正业”焉？我以为对于一切学说的思考，皆为正业。虽然“术业有专攻”，但闻道的先后，并不妨碍对于那一共通之“道”的探寻。“月印万川”，无非是月的化影。

萧萐父先生《吹沙纪程》一书里，曾以“明末清初三大家”之中的黄宗羲和王船山二人为例，说明大家之学皆庞且杂。黄宗羲一生著述一千四百多卷，理念上是“穷此心之万殊”，实践上是“讲殊途百虑之学”。全祖望赞扬他，“自先生合义理、象数、名物而为一，又合理学、气节、文章而一之，使学者晓然于九流百家之可以返于一贯”。黄宗羲治学，宗旨是为“一贯”，可手段却是“绛皓驳色”杂陈之。也唯有“综会诸家”，才可能“转益多师是吾师”，达到纯之又纯的道通境界。

衡阳王船山，亦复如是。我曾于本科时节、盛夏之时下京九线拜访过王夫之，当时故居上的一副门联至今仍刻在我的心坎深处，“六经责我开生面，七尺从天祈活埋”。据严寿澂先生《明末大儒王船山的人格与思想》一文介绍：“船山明亡后隐于深山四十余年，以汉衣冠终其身，并世迨无第二人。其所以能如此，在深信人能以‘养性’为功于天地……如此信仰，直可名为儒家士君子之宗教也。”如此纯粹刚毅之儒门君子，但其学问之庞杂较之黄宗羲似为更甚。王船山博淹经史子集，学派上熔铸儒道释，扬弃程朱陆王而复归张横渠，更旁通天文、历数、医理、兵法、筮占、星象之学，近世那位深通帝王之术的湖湘大儒王闿运讥笑他，“如船山之好奇兼爱，志欲包古今之述作矣，总其成书，亦杂家之流”，我以为此一“杂家之流”未尝不葆具历史之大气魄，较之王闿运的厚黑之道，学术上功业的高低，历史老人早已有高下的判定。

之所以提拈此二人，是因会当古今中外之“三千年未有之大变局”时代，新旧杂陈，今是昨非，当下之景况颇近于明末清初以及清末民初之过渡时期。明朝之中，有袖手心性之徒，清朝之中，有皓首穷经之辈，他们的身影，还复活于当下的各色学者之间。“一物不知，儒者之耻”，这样的老话大家素不喜谈，大家喜欢谈论的，还是今日之课题申请，明日之资料剪切。深处学院之中，不仅难以望见如黄、汪二人孜孜不倦的身影，就连稍有性情的仗义屠狗辈（即不离社会问题的布衣学者），也渺之又渺。是故提倡“博杂”之学，是为打破那样一种自说自话、自娱自乐的学术小团体的自我封闭状态，回归通识博雅的大学之道。学院之人，包括各级研究生、博士生在内，可以“专业”，但不能借口“专业”，拒绝知识结构的全面进取，以及社会责任的自我担当。回归“杂而不乱”的自由从学状态，想来并非一件多么困难的事情，只看你是选择“非不能也”还是“非不为也”了。

现代文化史之中国哲学三大家简述

我之论中哲史，不过泛泛而谈。其间每一人物，皆可作大文章。现代文化史，我指代的是文学史的定义，即“五四”之后直至新中国成立的三十年。此三十年，思想界风云激荡，新旧人物杂横交错。本文所选“中国哲学家”，并非哲学史家，他要有着“六经注我”的精神。为防偏颇，未选谭嗣同等人，是因为个人认为其“我注六经”之气味实在太淡。“我”与“六经”要包容成一体，方见得真实的哲学功夫。

首要是章太炎，至今他的文章仍然不好懂。小学味太浓，但更深层的是思想的斗争比梁任公还要迅猛。今人提及他的“俱分进化论”：“以道德言，善亦进化，恶亦进化；以生计言，乐亦进化，苦亦进化。双方并进，如影之随形，如罔两之逐影，非有他也。智识愈高，虽欲举一废一而不可得。曩时之善恶为小，而今之善恶为大；曩时之苦乐为小，而今之苦乐为大。然则以求善、求乐为目的者，果以进化为最幸耶？其抑以进化为最不幸耶？所以进化虽是事实，但其道德意义是不确定的：进化之实不可非，而进化之用无所取。”[1]，较之当时之片面唯物唯心论，这样的哲学理念更富有淋漓酣畅之实存价值。他《检论》之中的“四惑论”、“五无论”诸篇，在破除流俗之上，实有大价值。现摘录一二于下：

“进化者，以常识论之，必有所处，而后能进；若无所处，则必不能进……

[1] 章太炎：《俱分进化论》，《章太炎全集》第4卷，P386。

最初所处之点，惟是兽性。循其所处之点，日进不已，亦惟是兽性扩张。……是则进化之恶，又甚于未进化也。”[1]

“望进化者，其迷与求神仙无异。今自微生以至人类，进化惟在智识，而道德乃日见其反。张进化愈甚，好胜之心愈甚，而杀亦愈甚。纵令进化至千百世后，知识慧了，或倍蓰于今人，而杀心方见其炽。所以者何，我见愈甚故。”[2]

“余谓进化之说，就客观而言之也。若以进化为主义者，事非强制，即无以使人必行。……若是者，正可名进化教耳。本与人性相戾，而强为训令以笼愚者曰：‘尔之天性然’。若是而主持强权者，亦可为训令以笼人曰：‘服从强权者，尔之天性然。’此与神教之说，相去几何？”[3]

我要重视的，还不在这“俱分进化论”以及“四惑”、“五无”上，而在他反抗西人之“公理”上。“五四”之后的中国，到处皆是西方的影子（无论俄共布，还是英美德），恨不得所得之病，也以西方的流行病为高级。他在反宋儒的同时，也反西人之“公理”，“宋世言天理，其极至于锢情灭性，天理之束缚人甚于法律，而公理之束缚人，又甚于天理”。他一面反已知之传统糟粕，一面反未知之强权公理，其用思之深，忧虑之广，罕有人匹。至于晚年，“回真向俗”，《华国》之扬气节，褒扬阳明之学，实已无昔日超迈之哲学气魄也。

其次是梁漱溟，他的见地现在看来并不高深，至少学问的深度上不及太炎先生之十一。但他是个彻头彻尾而又纯粹万分的实践家，“以佛家的精神，做儒家的事业”。多有人问，他的著述以印度学为主，怎么是“当代最后一个大儒”？我引几段他的自述，你便能明了他为何是个名副其实的大儒者。

[1] 章太炎：《四惑论》，《章太炎全集》第4卷，P449—450。

[2] 章太炎：《五无论》（1907年9月25日），《章太炎全集》第4卷，P442—443。

[3] 章太炎：《四惑论》，《章太炎全集》第4卷，P451—452。

我不是“为学问而学问”的。我是感受中国问题之刺激，切志中国问题之解决，从而根追到其历史，其文化，不能不用番心，寻个明白。什么“社会发展史”，什么“文化哲学”，我当初都未曾设想到这些。从一面说，其动机太接近实用（这正是中国人的短处），不足为产生学问的根源。但从另一面说，它却不是书本上的知识，不是学究式的研究；而是从活问题和活材料，朝夕寤寐以求之一点心得。其中有整个生命在，并非偏于头脑一面之活动；其中有整整四十年生活体验在，并不是一些空名词假概念。

我便是从感触而发为行动，从行动而有心得，积心得而为主见，从主见更有行动；……如是辗转增上，循环累进而不已。其间未尝不读书。但读书，只在这里面读书；为学，只在这里面为学。不是泛泛地读，泛泛地学。

以中国问题几十年来之急切不得解决，使我不能不有所行动，并耽玩于政治、经济、历史、社会文化诸学。然一旦于中国前途出路若有所见，则亦不复以学问为事。究竟什么算学问，什么不算学问，且置勿论。卒之，对中国问题我有了我的见解思想，更有了今日我的主张和行动。

（以上摘自《中国文化要义》之序言部分）

世人单知道他的“人生三路向”，知道他的“大闹中南海”，知道他的“中华文化书院”，却不知他一向都是个“行有余力，则以学文”的知行合一者。他少年时先热心于君主立宪运动，次参与1911年革命，1927年以后开始乡村运动，1937年以后为抗战奔走，其中包含国内团结运动及巡历于敌后，至胜利后又奔走和平。“孔席不暖，墨突不黔”，他走的恰是孔子当年周游列国的生命历程。“当其沉潜于人生问题，反复乎出世与入世，其所致力者，盖不徒在见闻思辨之内；见闻思辨而外，大有事在。这又是与一般哲学家不同处”，这便是我格外在意梁漱溟的大理由。

最后是熊十力。有人讲，还有好多人呢，比如马一浮，比如钱穆，比如牟宗三，比如冯友兰；对不起，我对于现代中国哲学家的理解，只到熊十力为止。马一浮、钱穆、牟宗三、冯友兰，我自信对其著述，还是有一定熟练程度的，但为何不选？因为我一直以来的观点促使我认识到，作为学院中人,他们只停留在了“史”的层面,而中国文化的根底在于“经”上。所以我恐怕至死也不承认陈寅恪是国学大师，更遑论所谓的季羡林之流。“通经达变”是最为基本的认知，却鲜有人能够去尝试，熊十力便是敢吃螃蟹的一个。

尽管有余英时批评以熊十力为代表的新儒家“良知的傲慢”，有印顺和尚批评熊十力的依据儒家经典“片言只语”随意发挥和“莫须有”，亦有今人翟志诚从政治立场出发、多属歪曲的《长悬天壤寄孤心》，但正如十力老人的门下弟子牟宗三在《历史哲学》中所言，“他们只记得历史，不懂历史”。刘小枫的《共和与经纶：熊十力“论六经”“正韩”辨正》一书中，仔细梳理了新中国成立后熊十力著述的思想流脉，“在我们的印象中，熊十力以阐扬体用不二、明心见性名家，堪称典型的哲人。《韩非子评论》和《与友人论张江陵》却让我们看到，深究唯识、弘阐《大易》《春秋》微言的十力儒学，绝非空玩心性之学，而是有着深切的政治关怀——十力先生不仅是形而上学大家，也是政治思想大家。”[1] 在政治大哲熊十力的叙述中，孔子著六经，《易》是本体论，其核心理念在于“变”之天理。因而，一切对于旧制度的变革，都能够归溯于儒学之形而上学，但此一形而上学，是大部分俗儒、乡愿看不到或者不愿看到的。刘小枫在书中发挥，熊十力是血性之人，为了完成革命和共和的理想，退回到形而上学中，他为新中国所找的形而上学，就不会不带有“血气”。这是带血的形而上学，是走向革命和共和的哲学。

据《共和与经纶：熊十力“论六经”“正韩”辨正》而言，《易》是形而上学，《周官》则是政治哲学，熊十力的主要论述在《周官》，另外，再加上一部《春秋》。《周官》是一套政制理想，主张民主政治，包含有完整的政治设计和治理安排，但在历朝，总有人将其视为推翻帝制的“阴谋之

[1] 刘小枫：《共和与经纶》，三联书店 2011 年版，P2。

书”，这是不无道理的。熊十力在长信《论六经》中说：“《周官》之制，正所以革除据乱世之群制群俗，乃突化而不守其故也。突化者，革命所本也。”历代儒生多不识“革命而诬以阴谋”，可见“习于苟偷以媚帝者无所不至矣”，熊十力此语，用以观照今日诸多之“公知”，亦确精当。

说到此，只有这三位，我便需要在题目上增添“三大家”三字了。我们常有个习气，以为民国时期，凡一学者，特别是有些年纪的，都是“大师”，都是今人所不及的：这便是“厚古薄今”的阴魂不散了。倘使你有钻研故纸堆的足够兴趣，并且又能对清末明初那种半文言半白话的新鲜文风感到惊奇，那么你便终能知晓，那一代人足够“大气”，也足够“酣畅”，但学问的精深之上并非那样“传奇”，至少当下的葛兆光、汪晖、杨国荣、张文江，便不会差之那些历史的背影太过遥远。而我之所以请出这三位，是因了自己的私心以及他们名副其实的“高山仰止”，倘有讹谣之言，诸君尽可去痛快翻阅他们的“藏山事业”，以资鉴证。

“陶天下而以为一家”
——评《共和与经纶》

“共和”不仅需要宣传，同时还需要“经纶”。之所以重提熊十力的《论六经》以及《正韩》，是因为十力老人恰是身处中国从帝制走向共和的伟大变革时机，而这两部书又绝非单纯“深究万化之原，默识生人之性”的形而上学，里面包含有“感世变益剧，哀思人类”之深层政治关怀。

很多人会批评刘小枫有“帝王师”情结，我们细观新儒家的几位大师，一如冯友兰的“贞元六书”，一如熊十力的上述二书，一如牟宗三的《政道与治道》，他们哪一个在书中没有透露出“帝王师”的政治抱负呢？我们切不可站在道德的真空领域，指责他们不应当参与政治思想的思考。事实上，有这种情结本身无可厚非，哪个知识人不希望自己的思想可以经世致用呢？难道优秀的思想者做帝王师，不是好事吗？学而优则仕，本是中国几千年来官学一体化的指导思想，某种程度上亦是传统读书人的精神维系力量之所在，我们在近百年欧风美雨的侵袭之下，不知不觉半懂非懂地以为西方的“为学术而学术”才算是治学的真谛，这其实隐藏了西方话语的独断与霸权姿态。

按照辈分，熊十力是辛亥革命的“元老”，但之所以后来离开革命队伍，进入到专心著述的领域，按照《十力语要初续》（P4）的讲法，是为了补上“少误革命，未尝学问”的遗憾。反而言之，我们也可推论，十力老人早年的革命生涯，对其日后的学问研究，影响是潜移默化无处不在的。这便告诉我们，十力老人不同于其他“为学问而学问”的书斋学者，他的治学是为了治世。投身辛亥革命，是直接的治世；中晚期治学，是以间接的手段完成思想领域辛亥革命的“未竟之功”。

他的经学路子不同于“业内人士”（不得不承认，这与他经学修养有限也相关），“推原《大易》，陶甄百氏”，是他所选择的入门之法。单就“乾”卦进行推衍，举出“生生”之大义，强调天地之道在动不在静，这便能够接续上“共和革命”之火焰了。“革命”之合理性问题，始终是贯通于革命整个过程而时时必须整合的首要命题。十力老人不称辛亥革命之后的共和国为“共和”，而称颂1949年后的共和国为真正之“共和”，其用意究竟何在呢？笔者以为，用“三世说”的理论似可作发挥诠释。据东汉经学家何休所言，《春秋》按鲁国十二君分为三世，时间由近及远划分为所见世、所闻世、所传闻事。所见者，谓昭、定、哀、已与父时事也。所闻者，谓文、宣、成、襄，王父时事也；所传闻者，谓隐、桓、庄、闵、僖，高祖曾祖时事也。所传闻世年代最久远，应该是礼崩乐坏刚开始的时候，也就是说在历史上应当是比所见世好的时代。但是孔子在著述《春秋》时，用了三套语言，看起来所见世是最好的时代。有两个原因，一是为了有所避讳，二是为了隆恩。这套理论完全可为当下的“公知”所用，接下去他们可以推论，熊十力乃是变节之人，是向共产党政权的投诚，进而推之，新中国成立后的一党专制政体对所有具有“独立之人格，自由之思想”的知识分子进行了绞杀。笔者以为这是肤浅的推论，不合乎事实逻辑与价值逻辑。

十力老人自言，“虽复学无常师，而大旨卒与儒家为近”，这并不是新中国成立后才生发的“夫子自道”。早在因为《新唯识论》而遭到逐出师门的“礼遇”之后或之间，他已完成了探索具有十力特色的理论指导思想转变。一方面固然有对“道不同不相为谋”的门户之见的厌恶之情，一方面也是为了“挽耽空溺寂之颓”。我们经常论及朱熹反佛，其实从朱子往上走，二程兄弟对佛禅已是相当不满，“佛穷神知化，而不足以开物成务”。而这“开物成务”四字，恰可拿来形容尽熊十力的抱负之所在。言新中国为“共和”，并非是言新中国已然“共和”，而是据当时国家建设蒸蒸日上之情境，十力老人今昔对比之后的“今朝”。

“余以为求中国之特殊精神，莫若求之于哲学思想。中国哲学思想之正统派即儒家”（《论六经》，P664—665），这是十力老人1950年上达的建言书。共产党从未如孙中山那般立下承继儒家“道统”的信仰，更多的是去召唤下层劳苦大众“把颠倒过去的世界再颠倒过来”。曾经作为文学革命先驱的周作人此时已是汉奸之身，但他也敏锐地感叹道，“逃儒入墨终非计”，他在这里把旧中国以及古典中国用“儒”来指代，将刚夺取革命政权的共产党比作“墨”，显然看出了此“儒”彼“墨”之间的巨大差异。那么十力老人的上书，由此可见非但不是如某些港台人士所言的“献媚”，相反是冒了一定政治风险的仗义执言。

卦与画
——浅谈《周易》对传统画论之理论指导

予自幼年雅好文墨，虽曰不能，心向往之。尤其是置身于文人画之氤氲气象之间，犹如佛陀之洗礼沐浴，心猿意马之躁动，渐归于“行到水穷处，坐看云起时”之大道至纯。读研期间，选修周山老师之《周易》课程，始识中国传统之诗书画文，皆于本体论上与《周易》之学密不可分，于是翻阅历代画论，略究“卦与画”之内在渊源，信可乐也。

一、道即是艺，艺即是道

《周易》属于“道”的范畴，文人画以及历代画论属于“艺”的范畴。虽有道学家“艺为小道”之言，然予人推究，此论大抵归之于宋徽宗之流，是言“玩物丧志”之伦理意义。《系辞上》有云，“一阴一阳谓之道”，“书不尽言，言不尽意”。是故书之外，“道”之显现还需“艺”之扶持。“道”只是个混沌天地，“艺”乃其斑斓色彩，两者乃一内一外之关联。南朝宋的颜延之曾曰，“以图画非止艺行，成当与《易》象同体”（见王微之《叙画》篇）。也就是说，画的境界不当止于小技之境，还当延展而为大道之境。这里便出现了一个奇妙的悖论？一方面，古人讲“道即是艺，艺即是道”，一方面又觉得“以图画非止艺行”，这里面矛盾着的“艺”究竟应当如何理解？难道不同语境之下“艺”之定义相差如此之大？对此，我们需要适当追溯“艺”之早期概念。《周礼·地官司徒·保氏》:“保氏掌谏王恶，而养国子以道，以教之六艺。”这里的“六艺”，实则是礼乐射御书数之谓，及至孔子，方有《诗》、《书》、《礼》、《易》、《乐》、《春秋》之谓。是故“艺”之变迁，也自在“艺”与“道”不尽延伸之定义中。至此，我们似可作这样理解，“艺”是通向“道”之手段，若“艺”接近于《周易》之内在言意，那么它便近乎“道”之境界。能否“与《易》象同体”，是判断“艺”是否为“道”之一大标绳。《易》曰:“在天成象，在地成形。”是故古人作画，皆本乎天地自然。坡公所言，“论画以形似，见与小儿邻”，亦是强调作画重在自然之神，而非人工之形。在这里，能否“与《易》象同体”的问题，可以适当具化为能否以天地为“师法”。清末画家松年（1837—1906）曾在他的《颐园论画》一书中谈论，“天地以气造物，无心而成形体，人之作画亦如天地以气造物，人则由学力而来，非到纯粹以精，不能如造物之无心而成形体也”。古时以万物为天造，故曰天为“造物”。《庄子·大宗师》篇中曰，“伟哉夫造物者，将以予为此拘拘也”，天地之至伟，自是造物自然，人之巧工亦是天之巧工。那么，由此我们便知究竟怎样作画才能够“与《易》象同体”。唯有师法自然，以天地为真实之借鉴，以天地为素材之源泉，方可臻于与《易》同道之大境。

二、书图互动，万物生生

清代郑板桥（1693—1765）有《题画》一语，“介于石，臭如兰，坚多节，皆《易》之理也，君子以之”（《兰竹石》）。《周易》一书惯用形象思维，这既源远流长地影响着中国的字体变迁，也不免“爱屋及乌”，对于诗书画文一并渗入它的作用力。北宋周敦颐解释《太极图》，便对此有精论:“阳变阴合而生水、火、木、金、土。五气顺布，四时行焉。五行一阴阳也。阴阳一太极也。太极本无极也。五行之生也，各一其性。无极之真，二五之精，妙合而凝。乾道成男，坤道成女，二气交感，化生万物。万物生生，而变化无穷焉。”（元·张理《大易象数钩深图》）《周易》之六十四卦，纷呈给我们的便是五色斑驳之世间万物，它之所以能够含葆天地百态，以至于“仰观宇宙之大，俯察品类之盛”，皆是源于《周易》能够成图之特性。前面所言“书不尽意”，是故需要图画来佐之，“凡天文、地理、鸟兽、草木、宫室、车旗、服饰、器用、世系、位诸之类，非图则无以示隐赜之形”（清·胡渭《易图明辨》序）。

也正因为《周易》之书与《周易》之图的双向互动，使得对于《周易》之合理诠释可以多面向起来。北宋《宣和画谱》（无名氏所作）卷十三有《畜兽叙论》一篇，内言：“乾象天，天行健，故为马。坤象地，地任重而顺，故为牛。马与牛者，畜兽也，而乾坤之大取之以为象。若夫所以任重致远者，则复见取于《易》之《随》，于是画史所以状马牛而得名者为多。”卷九有《龙鱼叙论》一篇，内言：“《易》之《乾》，龙有所谓在田、在渊、在天、以言其变化超忽，不见制畜，以比夫利见大人。”凡此种种，不一而论。在这里，可以引出一个形而上的小问题，中国诸如《周易》的形而上学理并非建立于神的彼岸世界，而是立足于此岸世界之山水天地（亦可适当与“天下熙熙，皆为利来；天下攘攘，皆为利往”的红尘俗世拉开一定的距离）。亲近自然，跋山涉水，此类活动在中国古代实为普及，但并非西方意义上的“旅游经济”。《周易》之中的画卦爻辞，并非用抽象之概念名词定义事理，而是如孔子在《系辞下传》所言，“古者包羲氏之王天下也，仰则观象于天，俯则观法于地，观鸟兽之文与地之宜，近取诸身，远取诸物，于是始作八卦，以通神明之德，以类万物之情”，这便是中国哲学道德形而上的发端，亦是“极高明而道中庸”之人生追求的预期设置。当下西化学人多讲终极关怀在西方建立于彼岸，而在中国却建立于现世世界，因此中国开放不出人与意义的真正超越维度来，其实这既是坏事也是好事。对于“终极关怀”，西方侧重于“终极”，中国侧重于“关怀”，中国的人伦并不如黑格尔批判的那般庸俗，而是具有超越性的人伦，由此开发出道德形而上之源远流长的人生意义来。我们在此需要牢记的是，《周易》之中“近取诸身，远取诸物”的形象思维以及亲近自然之天人合一理念对此实在功不可没。

三、阴阳二气，笔墨经纬

《太极图》尝曰，“无极而太极。太极动而生阳，动极而静，静极复动，一动一静，互为其根，分阴分阳，两仪立焉”。宇宙有阴阳二气大化流行，推而言之则万物之内皆有宇宙，亦皆有阴阳之二面。阴阳二气，实非今日之“非黑即白”，亦难套合黑格尔之正反辩证：阴阳二气是对立着的统一，非是统一着的对立，这是我们须明了的第一前提。

清朝满族画家布颜图在他的《画学心法问答》中论述，“大凡天下之物莫不各有隐显：显者阳也，隐者阴也；显者外案也，隐者内象也。一阴一阳之道也”。对于这段话，我们有两个关注点:第一，“一阴一阳之道也”，不同于我们通常所言“一阴一阳之谓道”，是就动态意义上而言，亦即只有阴阳二气交互运作，方能趋近于道之境界，而非阴阳之组合，自然成道。第二,这是站在儒家立场的论述,亦即用“隐显”而非“有无”,暗示《周易》之阴阳道非涉佛老之“虚无”或者“空有”,万物皆为实有,生生运转不息。

阴阳二气除去“隐显”(以存在形态而论)之代言,亦可换作“柔刚”(以力而论)、“暗明”(以光而论)、“内外”(以空间而论)、“低高”(以空间而论)等具象表述。笔者于此愿借一实例来作发挥。八月底笔者收到青年书画家陈枫的大作，共计墨书二则，国画一幅。陈枫以秀笔大书毛泽东诗词，角色反串，以柔克刚，梅兰芳蓄起络腮胡，李世济改演穆桂英，亦别有一番滋味在心头。用西方美学之词汇,便是“优美”与“壮美”之交融汇通。“优美”是就形式上而言，“壮美”是就内容上而言，毛诗之中虽是豪放气象，但亦是曲折地借助诸多意象来进行刻画，并非单调之喧喧嚷嚷，这便给予秀笔书毛诗以有效之发挥空间,虽是意料之外,却在情理之中。由此可见《周易》天地之中阴阳二气的流行，于“柔”与“刚”之交织辉映在表现笔墨经纬上的无尽妙处。

宗白华老先生在《艺境》(北京大学出版社 1987 年版)一书中这样总结:“中国画所表现的境界特征，可以说是根基于中国民族的基本哲学，即《易经》的宇宙观：阴阳二气化生万物，万物皆禀天地之气而生。”行文至此，亦觉此语甚为精准体贴。中国传统诗文书画，对于周朝八百年积聚之文质、先秦（亦即西方之轴心时代）诸子之宇宙论世界观深有继承沿袭，这非但没有抹杀各朝各代之鲜明艺术特色，反而促进着历代的士人们朝着“道艺合一”的路子迈步而行，以期“苟日新，日日新，又日新”般渐归于“化成天下”之人文至道。

参考文献：

［1］王弼撰，楼宇烈校释：《周易注》，中华书局 2012 年版。

［2］周积寅：《中国历代画论》，江苏美术出版社 2013 年版。

中西文明在当下所显现之动静观

中西文明之比较，话题太大，民国之人好言之。陈独秀李大钊，包括之前的严复梁启超，都曾经论述一则以动，一则以静。我以为这样的论述似乎粗糙，中国文化是在静中动，西方文化是在动中静。静中动，所以其变化并不明显，但更趋向于改良，到实在改不动的时候，才有大动，而这一大动已是1840年以后的事情了；西方文化动之后有静，是因为他们善于将动的过程转化为静的结果，譬如革新，譬如革命，在此一过程之后形成新生的制度，并将这一来之不易的成果制度化，此所谓动中之静。是故无论中西文化，动静都在其间。

关于中西文化的动与静之搭配协调，目下的任务是，中国的文化须要在静中继续求动，不能在静中沉溺下去，以致于社会的上下阶层、社会的主流思想，以致于国家的意识形态、文化的战略结构，都变得板结癌化。当然，静是前提，用中国的当代术语来讲，就是稳定压倒一切。而西方恰好需要来一个大反转，也需要在静中求动，巩固和落实好业已成形的民主制度。中国的动，须在阳面上动，亦即“苟日新、日日新、又日新”的大无畏改革精神，因为在中国，改革即是革命之一种；而在西方，只须在阴面去动，无论是英国的君主立宪，还是美国的联邦民主，都无须作民主制度上的大改动，因为这些各异的社会制度，是各国上下阶层经过近几百年的斗争与妥协，所形成的既具历史意义又具时代特色的宝贵财富，所以，西方的动，只需要在阴的层面上作小修小补，无须再动用大的社会损耗进行无谓的争执与尝试。

而问题的落脚点与重心所在，还在于如当代新儒家牟宗三先生所言，如何由中国传统的内圣学问，开发出具有民主科学等普世意义的外王事业来。此一普世意义，不在于西方，亦不在于东方，而在于打破中西之既有成见，在各自文明真诚反省的基础上，形成一种本乎“心理东西本自同”的相益文化结晶来。就中国而言，目下最紧迫的时代使命，便是如何将民生的成果转化为民主的制度，同时将事实层面上中国道路的合理性上升为理论的高度，用学理上的建树反过来促发实践道路上的自信与自省。就中国传统文化的核心而言，三纲五常是万世不更之至道。但结合正在实践现代性之中的当代中国，我们可以确切地讲，三纲一个也不能留，五常一个也不能丢，三纲是农耕宗法制度下的产物，五常是超越了具体时空限制的人类永恒道德价值。前者是一时之动，后者是普世之静。

读《近思录》有所思

《近思录》开篇讲静，不是教人专心静坐，而是“无欲则心自静”，讲的是欲念的问题。是故动静之辨，亦是说天理人欲之辨。圣人倘若一味只是静，那么如何“中正仁义”？“动静周流”才是宋儒在动静观上的要脉。主“静”不过是说先天是静，无极静而太极动，由无极至于太极的这一过程之中，人与物相交接，所以容易引出欲念来。说到此处，不由得想起老子之“老死不相往来”，似有新解。往来便是动，动中容易起贪念，是故老子之言，接于宋儒之静观。“各一其性”便是气质之变，本是贬义，今人却作褒义，以之为所谓普世自由之旗号。

《朱子语类》卷九十四第一百三十九条讲，“几者，动之征”。这是对“几”最为直接的解释，要动之初的那个萌芽，便是几，圣人要掌握事物发展规律，首要是把握住这个几，无几不神。然而朱子又讲，“诚无为，则善而已；动而有为，则有善有恶”，这亦是佛家“业力”的一种变形，是故南怀瑾讲朱子喜欢偷佛教之言理。不造业便是最好，造业便有好有坏，但无论好坏，都是业。就是那个好业，从另一方讲，也可是恶业，所以不造业便是最高境界。从无为这一点上讲，到了宋明时期，儒道释三者可谓是互通相合了。

中和二字，是宋明理学之大学问。中是指气质之性支配下的情感还未发作之时，和是发作之后以理节制之。圣人能中，贤人能和。我们追求的境界，便是和的境界。用理来节制，使之自然流露，有条不紊，不急不缓，不流于邪僻，不流于贪嗔，不流于痴念。情感这东西为什么可怕？因为它激荡起来便如洪水一般，任意东西，无所不至而无所不为。往往一念之间，由爱生恨，甚至生生死死，死死生生，误入迷途，犹如《神雕》之中的李莫愁。所以用理来节，而非如释家那样企图完全断绝，更符合中国人情感之实用理性本质。

寂然不动的是体，是性命，感而通天下的是用，是节制后的情感。圣人的情感即是性命，体用合一，合于体；中人的性命即是情感，体用分离，偏于用。是故中人之心，必须归于理上才能统摄众情，若归于情上，理字便再无有见之日。情理之调和物，便是人的这颗心。人心若定，则静，则归于体，人心浮乱，则动，则归于外界之熏染。周子谓“静无而动有”，指的是无形与有形，无形便是形而上，有形便是形而下。形而上的需要统摄形而下的，此乃就思想学说上言，非由生产资料上言。若以马列观之，恰掉个头，亦可应之。

元亨利贞之谓四德，仁义礼智信之谓五常。元与仁在位置上具有互训义，宋儒此一比附，不同于董子寄鬼神变化之说，而是直下心腔子里去，不曾想却开出了形上的意义。董子之劝教，似通于佛教，怖于生死的意味总难脱尽。宋儒则不然，就寻常间事物说起，一直说到最高明处，到那时抓住高明再一看，不过是日用间的中庸常伦（一如佛教之中道）。是故宋明理学影响中土近千年之盛，自是有其内外根源之所在。今人只晓得念着一句业已被歪曲的“存天理，灭人欲”，便不识古人之真面目，确是抛却自家藏、沿街作乞儿了。

附：读《近思录》随谈

周游：兄好才性。我忙于论文字句，废学已久，不堪与论。只是兄所说“日用间的中庸常伦（一如佛教之中道）”似有不妥，儒、佛立言两殊，而中道观尤其为儒家所无。（哪怕是陈寅恪所言陶渊明之新自然观，其理路依然不同于中观）。中观之中，非儒家中所谓不偏不易之谓。而在于一种随说随泯后的一体呈现。缘起乃俗谛，性空乃真谛。而中观则是以真观俗，以俗观真。而真俗无碍又无遗。

王晨光老先生：问兄一个问题，如果体是“寂然不动”，那为何乾卦却说“天行健”，又反以健动为本。请兄试着回答。

袁依回复王晨光老先生：易传与宋儒之体贴天理，自是不同。静与健，也不矛盾。行的是健，而非外在的动。牟宗三所言，在内中动，才是真动，便是静中之动。

王晨光老先生回复袁依：是这样。不妨再参考朱熹注《论语》中颜回“不迁怒、不贰过”一段的注。此外，太极图说为宋儒理论核心，也大可参看。

“不求甚解”之“甚解”

陶渊明作《五柳先生传》，“好读书，不求甚解”一语可谓妇孺皆知。但世人误以为陶渊明读书只是走马观花，没有做到对书中的字句“如切如磋、如琢如磨”，由此对陶渊明的读书态度生出不满的情绪，如前人叶圣陶老先生《语文教学二十韵》中：“陶不求甚解，疏狂不可循”，今人首都师范大学鲁洪生教授《“不求甚解”误人子弟》中:“不求甚解，误人子弟。”本来，关于“推本溯源”的问题，诚如北大陈平原教授所言，一旦语言与本人脱离，就会被不同程度的误解，被听者分门别类的装进自己的抽屉里。但笔者仍然坚持认为,将“不求甚解”误读为“囫囵吞枣、浅尝辄止”之义，实在是距离陶公原意太过渺远。

首先，今人欲求古人真意，必解古人所处之时代环境。上世纪三十年代时陈寅恪先生于《冯友兰中国哲学史上册审查报告》开端就说：“凡著中国古代哲学史者，其对于古人之学说，应具了解之同情，方可下笔。”不独著哲学史者须如此，凡欲求古人真意而非矫以己意者皆须如此，始能“真了解”。“所谓真了解者，必神游冥想，与立说之古人，处于同一境界，而对于其持论所以不得不如是之苦心孤诣，表一种之同情，始能批评其学说之是非得失，而无隔阂肤廓之论。”陶渊明之时代，玄风大畅，不同于汉代五经博士之学。汉代“专门授受，递禀师承，非惟诂训相传莫敢同异。即篇章字句,亦恪守所闻,其学笃实谨严,及其弊也拘。”(《四库全书总目·经部总叙》)五经分立,此经不通于彼经,而治一经者又各分门庭,绝不改师传,

“恪守所闻”，“汉儒说经以师传，师所不言，则一字不敢更。”(《四库全书总目提要》卷三十二《孝经问提要》) 故下一个“拘”字，可谓至为精警。

汉末“王弼王肃稍持异议，流风以扇，或信或疑”。此时乃趋向讨论明理，郑玄之学受到了质疑。元人李冶《敬斋古今黈》：“盖不求甚解者，谓得意忘言，不若老生腐儒为章句细碎耳。”明人杨升庵《丹铅杂录》云：“《晋书》云陶渊明读书不求甚解，此语俗世之见，后世不晓也。余思其故，自两汉以来，训诂甚行，说五千之文，至于二三万言，陶心知厌之，故超然真见，独契古初，而晚废训诂，俗士不达，便谓不求甚解矣。”清人方宗诚《陶诗真诠》：“渊明诗曰：‘区区诸老翁，为事诚殷勤。’盖深嘉汉儒之抱残守缺及章句训诂之有功于六经也。然又曰：‘好读书，不求甚解。’盖又嫌汉儒章句训诂之多穿凿附会，失孔子之旨也。是真持平之论，真得读书之法。”

汤用彤先生有段极为精彩的论述，《魏晋玄学论稿·言意之辨》：“汉代经学依于文句，故朴实说理，而不免拘泥。魏世以后，学尚玄远，虽颇乖于圣道，而因主得意，思想言论乃较为自由。汉人所习曰章句，魏晋所尚者曰‘通’。章句多随文饰说，通者会通其义而不以辞害意。”

由此观之，陶渊明“好读书，不求甚解”的原意应是：“虽然好读书，但不作繁琐之考据之训诂，所喜乃在会通书中旨略也。”(袁行霈《陶渊明集笺注》) 袁行霈先生又云：“此与汉儒章句之学大异其趣，而符合魏晋玄学家之风气。”由此看来，袁先生的确是对古人所处之时代环境具有了一种深刻的“了解之同情”，真正做到了对“不求甚解”之意的甚解。

其次，“不求甚解”的读书之法追求的最高境界是“会意”后的“欣然”。世人往往只抓住他说的前半句，而于无意间忽略掉了后半句中所葆有的“微言大义”——读书过程中不仅要考究字句之“形”，更要得乎书中思想之精髓与乐趣。其实这一读书的“上达之法”，并非是魏晋之际陶公的首倡。据王粲的《英雄记钞》记载，诸葛亮与徐元直、石广元、孟公威等人一同游学，“三人务于精熟，而亮独观其大略”。观其大略并非是“囫囵吞枣、浅尝辄止”，只是不死抠一字一句，不因小失大，不为某一局部而放弃了整体;南宋心学家陆象山所言"读书且平平读，未晓处且放过，不必太滞"，也正是此意。

钱钟书先生曾说："大抵学问是荒江野老屋中，二三素心人商量培养之事，朝市之显学必成俗学。"陶公"好读书，不求甚解，每有会意，便欣然忘食",恰是将读书当做了"荒江野老屋中,二三素心人商量培养之事"，这也正是陶公与"铁锥刺股"的苏秦、"凿壁偷光"的匡衡、"结发悬梁"的孙敬、"囊萤夜读"的车胤为求"甚解"而读书的根本性差异之所在。几千年来，以苏秦为代表的历代读书人一直都有着"一怒而天下惧，安居而天下熄"的宏图霸业,为此他们能够做出"引锥自刺其股,血流至足"、"及至眠睡疲寝,以绳系头,悬屋梁"这般非人性化的疯狂举动;而在我看来,"悬梁刺股"并不能代表他们真正热爱读书，他们只是把读书当作一大进阶的资本与工具，他们之所以忍心自残"身体发肤"，看中的也只是在"读书"招牌背后那一极具诱惑性的功利目的。

但是，正如钱钟书先生在《写在人生边上》一书的序言里所说："世界上还有一种人，他们觉得看书的目的，并不是为了写书评或介绍。他们有一种业余消遣者的随性和从容，他们不慌不忙地浏览。每到有什么意见，他们随手在书边的空白上注几个字……反正是消遣，不像书评家负有指导读者、教训作者的重大使命。"陶渊明正是钱钟书先生笔下所说的这样一类人，他们"不问德不德，只问趣不趣"（梁启超语），不为什么而读书，只为学术而学术：把读书当成业余消遣的这一从容态度，不仅突出的是五柳先生"不慕荣利、忘怀得失"的高洁情操，而且更是点出了读书人应追求的无功利的至高境界——"每有会意，便欣然忘食"。

再者，对于当下的文学研究而言，"不求甚解"亦不失为回归文学本位的一条应有路径。龚鹏程在《文学散步》一书中曾对近代许多所谓的文学批评有过尖锐的批评："在我们看来，有许多实在是欠缺文学细胞的僵尸，在非文学知识的大量填塞与凌迟、奸污之下，似乎它想保持人的身份和价值都很困难，更别提什么凌波仙子的绰约风貌了。故而，所谓充实知识，第一要务就是沉潜到文学里，汲取文学的知识，并借此体验文学作品所提供的生命的价值。”又因为文学作品中很多内容原本就不可能给予确定的解释，也不需要给予确定的解说，至于究竟什么是“甚解”，恐怕谁也没法真正说清。对于这一点，古人似乎早已心领神会，他们经常放过一些无关紧要的细枝末节，以免妨碍自己用心去领会书中的“渊玄大意”。《晋书·阮瞻传》:“读书不甚研求，而默识其要。”颜延之《五君咏·向秀》:“探道好渊玄，观书鄙章句。”《世说新语·轻诋》二十四条刘注引《支遁传》曰:“遁每标举会宗，而不留心象喻，解释章句，或有所漏，文字之徒，多以为疑。谢安石闻而善之，曰：‘此九方皋之相马也，略其玄黄而取其俊逸。’”明人朱国桢《涌幢小品·己丑馆选》:“读书不求甚解，此语如何？曰静中看书，大意了然。惟有一等人，穿凿求解，反致背戾，可笑。故曰:解是不解，不解是解。”古人对章句研求的“不求甚解”，皆是为了更好地对象喻大意“求甚解”。

如果我们真正回归文学本位，那么文学研究最重要的就应该是它本身所具有的追求真善美的心灵力量；是它那具有鲜活民族特色的艺术表现形式；是它所塑造的能够穿透历史风尘的诸多人物形象，以及它留下给后人的灿若朝霞、渺若烟水的无限想象。而所有的这一些，都是生来就无法求得“甚解”的。文学本来是要给人们以艺术美感的享受的，而这种处处要求“实事求是”的“甚解”评点法却常常破坏这种乐趣。当X光把美人看成骨骼，化学分析将鲜妍的花分解为各类元素，文学作品中对句读本身的关注无情地成为了文学的内在主题，我真不知道文学之美到底应当何处寻。

综上所述，“不求甚解”非是“走马观花”之意，而是“得意忘言”。“开卷有得，便欣然忘食。”(《与子俨等疏》:“少学琴书，偶爱闲静，开卷有得，便欣然忘食。见树木交荫，时鸟变声，亦复欢然有喜。”)《饮酒》其五云：“此中有真意，欲辨已忘言。”非仅“见南山”而然，第读书亦当作如是观耳。当然，读书“硬扎寨，死打仗”(曾文正公语)是极必要的，朱子云：“去尽皮，方见肉；去尽肉，方见骨；去尽骨，方见髓。”陶渊明早年也是下了极大的读书工夫，而后才能“不求甚解”的，乃至“超然真见，独契古初”。

参考文献：

[1]（晋）陶渊明著，王瑶注释：《陶渊明集》，人民文学出版社 1956 年版。

[2] 北京大学中文系（编）：《陶渊明诗文汇评》，中华书局 1961 年版。

[3] 北京大学中文系（编）：《陶渊明研究资料汇编》，中华书局 1962 年版。

附：“不求甚解”或是“醉语”

前番与颜峻兄合撰《“不求甚解”之“甚解”》一文，刊于《名作欣赏》第八期之上。现在想来也不禁好笑，论题既然主张“不求甚解”是正确的路径，那么我们这般辛劳地为“不求甚解”而去“求甚解”，岂不是偏离了立论的精义？文章既已写出，便如嫁出去的姑娘泼出去的水，再也无法收回。好在我们在这篇文章上还的确下了些功夫，自心底还能升腾出一些虚幻的自信，这也就足以安慰自己了。为文一事，前不要怕，后不要悔，但“不怕”最好以“竭泽而渔”为基础，“不悔”最好以“一家之言”为前提。

言归正传，“不求甚解”究竟出现于何种场景？这是我们不经意间忽略掉的一大疑难。之所以想起“醉语”这一种解释，是因为在小说传奇之类的旧闻中发现了“吕蒙呓语通周易”的故事。吕蒙于酣醉之际忽于梦中通诵周易，这从侧面提示着我们，醉人呓语也许比醒人醒语更能深入人生哲理之奥义。联想到陶渊明的《饮酒》诗，“有客常同止，趣舍邈异境。一士长独醉，一夫终年醒。醒醉还相笑，发言各不领。规规一何愚，兀傲差若颖”，这样的解释不仅“有证可信”，而且似乎还能“恰到好处”；用张世英《北窗呓语》序言中的话来讲，这人生哲理之奥义便是："醒者规规小见，巧营而愈愚，醉者遗世独立而偏聪。渊明以醉者为得，足见人情世事难于讨分晓，何如以昏昏之醉人呓语处之为宜耳"，又因为传世的陶公饮酒诗作品的确不少，而饮酒行文也正是他"少无适俗韵"的一大生活常态，所以"不求甚解"或是"醉语"不啻为一大新鲜明细的立意。只因我"考研在身"，实在不能得闲去详尽发微，岂不是目前的一大憾事？或有过路的君子闻得我言，若自信于笔下的功夫，不妨做一研究的尝试？

脂砚芹溪难并论，蔡书王证半胡诌
——漫谈俞平伯的红楼梦研究

俞平伯谓:“以世法读《红楼梦》,则不知《红楼梦》;以《红楼梦》观世法，则知世法。”观其红学研究之论述，我以为他前期的方向是批评与考证并重（例如在《漫谈红学》一文中所述“自传说是也，我深中其毒，又屡发为文章，推波助澜，迷误后人”)，晚年却多以禅悟为主（例如《漫谈红学》一文中“文以意为主。得意忘言，会心非远。古德有言：‘依文解义，三世佛冤。离经一字，便同魔说’，或不妨借来谈‘红学’”)。老先生晚年一直视《红楼梦》为其一生的劫数，早已无心再做《红楼梦》的学问了，他悟《红楼梦》的只言片语有时在我看来不过是在悟他一生的悲凉而已，即近百年来风月书斋里的风云之色。

我之所以重提俞平伯的红楼梦研究，固然是因为我对他的家学才识、人品风范怀有由衷的钦仰；还因时下的红学圈子里异端杂说，甚嚣尘上，玷污了曹雪芹和《红楼梦》的“清白”。所谓的“红学”，原先只是一句带京味的玩笑话，正如俞平伯所言，“红学之称，约逾百年，虽似诨名，然无实意……红学之称本是玩笔，英语曰 Redology 亦然”，可见对《红楼梦》的研究的确不是什么高深的学问和经世不易的“大道”；且有清一代，“载道”的诗文仍是规矩的正餐，小说在文学中依旧充当的是婢女的角色，倘若研究古典小说的社会功效不过是“匡正教化”“补史之漏”之类的言说，虽然梁任公在清季革命中将这一传统毫不留情地打破，但《红楼梦》一类的小说仍不可能一跃而成为什么大学问，加之当时的学界并没有多少人真正关注《红楼梦》的社会功用，而我们今天看来，所谓“红学”所造成的煊赫声势，无疑是后人在追述的过程中有意识或无意识的“加工制作”罢了。

为什么说“红学之称，约逾百年，虽似诨名，然无实意”？俞平伯是这样解释的：“诚为好事者不知妄作，然名以表实，既有此大量文献在，则谓之红学也亦宜。”俞平伯话中的“好事者”，一是以蔡孑民校长为首的索隐派，另一派就是胡适之先生的实证主义（即俞平伯在《漫谈红学》一文中多次提到的“索隐”和“考证”这两种“黑漆”）；因为大量文献的开掘正是这二人难以抹杀的功劳。记得俞平伯曾写过一篇评价红学两大派别的文章，题目叫《从“开宗明义”来看〈红楼梦〉的二元论》，这里的“二元”并非文学领域里如人们通常所说的“内容”与“形式”，抑或“精神内涵”与“艺术价值”，而是清末民初在所谓的红学研究界很时兴的索隐派红学和考证派红学。先将其中我自认为最能说明问题的一段话摘录在这里，“索隐、考证，分立门庭。然二元之旨既揭露于开端，则两派在本书上皆有不拔之根柢，其分立门庭、相持不下者，亦势所必然，事之无奈也。若问其能否在此开篇中得充分之启示，俾解决本书之疑难，恐未能也。何以故？两段之文繁简迥别，简者沉晦，繁亦失当，谓之俱不明也可。如索隐派旨在扶出其历史政治上之谜底，但‘梦幻’、‘真事’、‘通灵’毕竟何谓，作者未言也。安见其必与史事有关？根据不甚明白，商谜之巧拙中否尚在其次。‘自传说’在本文得到有力的支持矣，然以之读全书则往往发生障碍，令人不惬；而作者用笔狡猾之甚，大有为其所愚之嫌疑。将假语村言论，认为真人真事，虽在表面似乎有合，而实际上翩其反矣。即多方考证之，亦无关宏旨也”。蔡元培治红学，属今文经学派，注重微言大义，带有很强的主观色彩，因此不免牵强附会，是“大笨伯”猜“笨谜”（胡适语）；胡适的考证红学转移了治学对象，又保留了清代的治学方法，科学的治学态度虽然难能可贵，但《红楼梦》说到底终究是一部小说，而小说的特质就是虚构，事事照实说，就不成其为小说了。因此，胡适的考据派同蔡元培的索隐派一样，在研究过程中所暴露出来的局限性也十分显而易见。

表面上看，俞老似乎对两派“无关宏旨”的研究都颇有微词，但一旦联系到当时研究“红学”的众人拜倒在这两面旗帜下的因袭风气，我不妨对俞老的苦心作一点不成熟的推测：他是在为《红楼梦》的研究开拓更广阔更自由的研究空间，同时也是在为《红楼梦》回归原始的文本阅读摇旗呐喊。他在《乐知儿语说〈红楼〉》一文中写到：“文以意为主。得意忘言，会心非远。古德有言：‘依文解义，三世佛冤。离经一字，便同魔说’，或不妨借来谈‘红学’。无言最妙，如若不能，则不即不离之说，抑其次也。神光离合，乍阴乍阳，以不即不离说之，虽不中亦不远矣。”在《红楼心解》一书中写到:“看《红楼梦》一书，现实荒唐每相交错，说现实，便极现实，说荒唐又极荒唐，如用‘胶刻’的方法来考证它，即处处发生障碍。”这些本来都是些传统的无甚大新意的文学赏析观念，但一旦俞老把它放置在上世纪二十年代红学界两大阵营“分立门庭、相持不下”的特殊环境中时，这回归文本、“得意忘言”的意见便立刻“化腐朽为神奇”了。

对于两派之争，俞平伯似与考据派的瓜葛更大。或者说，俞老在很大程度上就是考据派麾下的一员大将，主要的证据便是那本风行一时的《红楼梦辨》。俞平伯在《红楼梦辨》(岳麓书社 2010 年版）中论述：“书中写的是贾氏，而作者却是姓曹。所以易曹为贾，即是真事隐去的意思。但所以必寓之于贾，却有两个意思：(1）贾即假，言非真姓。(2）贾与曹字形极相近故。”为什么一定要把贾家与曹家扯上这么密切的关系？“作者底身世性情，便是作品背景底最重要的一部。我们果然也可以从作品去窥探作者底为人；但从别方面，知道作者底生平，正可以帮助我们对于作品作更进一层的了解。情感底传染与知识原无密切的关系；但知识底进步，正可以使情感底传染力快而更深。这决不能否认。我以为考证正是游山底向导，地理风土志，是游人所必备的东西。这是《红楼梦辨》底一种责任。”我认为这是针对考据在还原历史真相这个层面的意义而言的，还有一层意义主要针对的是文学层面，即提供清晰的可供赏鉴和信赖的文本材料，“且文艺之有伪托、讹脱等处，正如山林之有荆榛是一般的。有了荆榛，便使游人裹足不能与山灵携手；有了这些障碍物，便使文艺笼上一层纱幕，不能将真相赤裸裸地在读者面前呈露，得以充分的赏鉴。我们要求真返本，要荡瑕涤秽，要使读者得恢复赏鉴底能力，认识那一种作品底庐山真面。做一个扫地的人，使来游者底眼，不给灰尘蒙住了；这是《红楼梦辨》底第二责任”。至此，考据作为一门研究方法的必要性和考据派不可磨灭的历史功绩已被俞老腕下的妙笔解释得一清二楚。

可如果我们把当年的俞平伯看作只是旧红学评点派的“遗少”，那就不免从一个极端又滑向了另一个极端。众所周知，传统士大夫好讲究门第家学，而追溯起俞平伯先生的家学渊源，恐怕近几百年间也屈指可数。在中国近现代史上，德清俞氏是江南赫赫有名的一个文化世家，俞樾、俞陛云、俞平伯的学术与文学成就素来受人敬仰。然而俞平伯似乎并不迷信他曾祖父亲授的家学，特别在《红楼梦》一书的研究上，每每一些关键要害部位的见解竟然都与俞樾相左。俞樾曾在《小浮梅闲话》一书中写道：“《红楼梦》一书，脍炙人口，世传为明珠之子而作，明珠之子，何人也？余曰：明珠子名成德，字容若。《通志堂经解》每一种有纳兰成德容若序，即其人也。恭读乾隆五十一年二月二十日上谕成德于康熙十一年壬子科中式举人，十二年癸丑科中式进士，年甫十六岁，然则其中举人只十五岁，与书中所述颇合也。”由此可见，俞樾老先生倒像是正宗的索隐派前辈，至于蔡元培等人，也只能算作是他门下的“徒子徒孙”。而俞平伯在《从“开宗明义”来看〈红楼梦〉的二元论》一文中却说：“索隐派旨在抉出其历史政治上之谜底，但‘梦幻’、‘真事’、‘通灵’毕竟何谓，作者未言也。安见其必与史事有关？根据不甚明白，商谜之巧拙中否尚在其次。”这除了是在对蔡元培的《石头记索隐》进行“拨乱反正”式的批判外，也未尝不是对自家曾祖父在关于《红楼梦》研究的说理立论上一种大胆的“颠覆与反动”。

渐渐地我才终于对俞老当年的苦心有了一番真切的了解与同情：充分

挖掘“朴学家法”，结合传统的文本评点，来拓宽《红楼梦》研究的路径。“胡说”好似古文经，失却了小说本来的妙镜；“蔡书”好比今文经，平添了文本多余的蛇足：二者都是在以“世法”读《红楼梦》，皆不可单独寻见《红楼梦》研究领域内瑰丽的全景。而俞老几十年间对《红楼梦》文本的孜孜研读，恰若“好虚”的宋学与“好实”的朴学之间的如漆交汇，无疑是准确地“号”到了《红楼梦》研究的真正要脉。而放在当今红学研究的大背景中来看，俞平伯几十年前的这些略带“禅味”的总结性的评说，对启迪后来的学者在《红楼梦》研究的道路上，如何把实证性与文学性结合起来，从而对这样一部杰出的文学作品做出恰如其分的评价，无疑是有着深远的开拓价值与指导意义的。

注：本文所引俞平伯之语，均出自俞平伯《红楼心解》，陕西师范大学出版社 2005 年版。

附：论《红》札记

近来翻得几则新材料，应该对我的那篇俞平伯红学研究做些补充了。《脂砚芹溪难并论，蔡书王证半胡诌——漫谈俞平伯的红楼梦研究》是我所写文章中第一篇“像模像样”的，尽管不成熟的笔下仍旧是漏洞百出。写那篇文章的想法原是发端于大一的下学期，动笔写出来是在大二上学期，因为是原有的意见“先入为主”，所以三四千字的学术文章只是用了一两天的时间。那篇文章写出来之后，得蒙浴洋师哥修正再三，终于有了一点小的看头，他和苏岩师哥密密麻麻的删改文字至今令我喟叹和感动。

当时两位师哥都对我文章中关于俞樾评点《石头记》的论述部分表达质疑，我当时的保留意见是“强调的重点并非是俞氏的家学，而是俞平伯对以俞樾为代表的传统点评式的红学研究的发展与超越”，现在看来这样的理由似乎还是有些站不住脚。首先俞樾并不是评点派的代表人物，与涂瀛的《红楼梦论赞》、洪秋蕃的《红楼梦抉隐》、解盦居士的《石头臆说》等相比根本不具备典型性。其次，将俞平伯的红学往其家学上追溯，无疑有着混淆视听的嫌疑。孙玉明先生在《红学：1954》（北京图书馆出版社 2003 年版）中曾用翔实的论证说明“这位以治红学而闻名于世的‘红学家’，早年却并不喜欢《红楼梦》。他之所以走上这条对其个体生命来说是荆棘丛生的道路，主要是受了胡适等人的‘诱惑’”。而这一“诱惑”发端于“1920 年，偕孟真在欧行船上，方始剧谈《红楼梦》，熟读《红楼梦》。这书竟做了我俩海天中的伴侣，孟真每以文学的眼光来批评他，时有妙论：我遂能深一层了解这书底意义、价值”（《红楼梦辨·引论》）。如果这段历史确是属实，那么我关于俞樾评点《石头记》的引述论征，实际上是并无多大价值意义的。

但令人纠结的问题似乎又冒了出来，正如孙玉明先生所言，“一个人若是受到另一个人的影响，首先必须自己具备一种禀赋”，俞平伯由考据派门下的一员虎将向评点派回归，并非应当作“历时性”来看待。事实上，早在 1954 年的红学大批判之前，俞平伯已于自己文章的多处表达了对“这样处处黏合真人真事”的繁琐考据的强烈不满，这样的实例详见于余英时先生《近代红学的发展与红学革命》（收入在《文史传统与文化重建》，北京三联书店 2004 年版）一文。余英时先生坚持认为，“俞平伯的修正论不是外铄的，而是从红学研究的内部逼出来的”（《文史传统与文化重建》，P304），“俞平伯对自传说的自我批判是自发的，绝非因为受了李希凡和蓝翎的攻击才改变了观点”（此话从细处推敲有误，即便是改变观点，也绝非是因为李、蓝的不同意见，而是缘于毛主席大规模的批判号召）。倘若事实真如余英时先生所言，那么我文章的判断方向又恰是准确的，而适当追溯俞平伯家学中的红学研究，也就并非是“画蛇添足”的多余事了。

《红楼》非大乘

《红楼》非大乘，乃是小乘的境界。有人讲，宝玉“情不情”，难道不够大乘的资格？我说不是不够，而是本相非如此。大乘与小乘，渡人渡己，本无二分；或有二分，则是受了中国道统与政统的影响。说如此，并非如此。今人分大乘小乘，不过是心向往之后的不得已。大乘有大乘之妙，小乘有小乘之胜，不必强分高下彼此。

宝玉为曹公的化身，于众芳荒芜间为闺中女子树碑立传，黛玉的泪只为宝玉流，而宝玉的泪是向着所有的众生。如此一来，岂不是大乘？吾意却不然。为黛玉宝钗而流泪，不过是私己的泪，有着情的分子，亦有着欲望的野性；为黛玉宝钗之外的姐妹流泪，不过是贵族的离愁别恨，有着惋惜自怜，亦有着少年不识愁滋味；为姐妹之外的丫鬟女婢们流泪，不过是对姐妹们的爱屋及乌，“副钗”二字已点得分明。若是宝玉的泪还能为赵姨娘流，为着贾环流，为着刘姥姥而非刘姥姥口中那个编造的姑娘流，还能为如履薄冰、战战兢兢的父亲流，还能为只知敛财、一味奉从的邢夫人流，还能为呆霸王薛蟠流，为伪佛学马道婆流，为伪道学贾雨村流，则宝玉之情可谓大乘也。

宝玉本为仙家中人，下凡领略尘世风光，初则大喜，继而大悲，继而大悟，不过是逢场作戏，将真情假到底。以新神话视角观之，一切皆为虚幻之中间物。恍若南柯一梦，虽然梦里乾坤，上天入地皆经历，到底还是梦一场。宝玉既为仙家客，推究其理，当有仙家神奇，然而大观园中，痴而迷，迷而痴，绕树三匝，无枝可依。仙家不能解救仙家，可见人间“情”字的毒辣。一若白牡丹遇合吕洞宾，一见而误终生，枉费了千年的修行，将素衣扯下，将木鱼打破，恨不得再捏一个妹妹，再捏一个哥哥。于此一“情”字，周汝昌老先生大为拔擢，后生晚辈的我虽不必为新而新、站在小丘之间大唱反调，然修辞之诚为立言之根本，我读《红楼》，反倒不主张“大旨言情”，却是主张“抽身退步须趁早”，不必过于沉溺情天情海之间不可自拔。

如此说来，“情”之一事，为贪嗔痴三戒之根本。何也？贪嗔痴之间，贪嗔二字人所厌之，唯独“痴”心一片不可忘怀。仙家尚如此，何论人情？而“情”乃“痴”之无明种子，无“情”便无“痴”，有“痴”便有“情”。是故圣人皆欲“节”之，“喜怒哀乐之未发，谓之中；发而皆中节，谓之和”，便是对症下药之苦口良方。绛珠仙草于一“情”字无可奈何，神瑛侍者亦复如此，宝玉亦复如此，曹公亦复如此，安得其为“大乘”乎？

汝昌老高声疾呼，“曹雪芹是一个惊人的天才，他是古今罕见的一个奇妙的‘复合构成体’，大思想家，大文学家，大心理学家，大民俗学家，大园林建筑学家……”，然细究曹公之本性，终究还是一介食粥书生，或曰一枚烂漫诗人。汝昌老之授业恩师苦水先生曾言：“三 W：what、why、how。诗人只有前两个 W，故诗人多是懦弱无能的，后一个 W，如何办，是哲人的责任。第三个 W，非说理不可，此最破坏诗之美。”通观《红楼》全篇，“诗之美”已达全胜，然“由自我中心至自我扩大至自我消灭”（《驼庵诗话》选摘）亦达巅端，“多是懦弱无能”，不免“自我扩大至自我消灭”，此旧邦中华传承文化之文人士大夫实难承受，却又必然承受之二律背反论。“后一个 W，如何办，是哲人的责任”，曹雪芹终究没有抵达，留予我们的仍将是那句传唱千古的“谁与我逝兮，吾谁与从？渺渺茫茫兮，归彼大荒”！

"狗尾续貂"细堪商

——由张云《谁能炼石补苍天——清代〈红楼梦〉续书研究》发散开来再悟《红楼梦》

张云女士的这一题目，取一语双关义，实在是妙。但要说出具体妙在何处，恐怕又不好选择词语来描述，因为"谁能炼石补苍天"已是极好的七个字，再添些褒扬的话，恐怕真个是"狗尾续貂"了。这种现象在应试教育下的语文教学中经常遇见，一首唐诗或者宋词，拿来鉴赏时竟然词穷得很，一如俞平伯先生的教课，只是三个大声的"好"字，这首诗或者词便算是过去了。

《红楼梦》的研究也是如此，再高妙的鉴赏文字，拿来与曹雪芹的文字一比，都要黯淡下去。所以《红楼梦》的研究，其实是下一层的研究。什么是下一层？就是说对于文本的研究，始终不是以批判的态度，甚至不能坐到平等的位置上去对视。言为心声，为文之高下亦可反映士人之学养气质高下，自《红楼梦》问世以来，索隐也好，考据也罢，文学批评也好，阶级分析也罢，都在其前提假设之中，预设了《红楼梦》是部经典之作这一前提。即便是"红楼未完"，甚至章节前后矛盾迭出，也从未算在作者的头上，只是说明曹公未写完，如果写完，恐怕会更值得期待。

然而对于《红楼梦》的评析，因了时代的断裂，也可以分为前现代与现代两大阶段。前现代时期，亦有人攻击《红楼梦》，主要是从卫道的这个角度来讲的。甚至有人恶毒地造谣，说看见曹雪芹在地狱里受罪，罪状便是写了这样一本诲淫诲盗的《红楼梦》。世人每读一遍《红楼梦》，曹公地狱里就多受一顿鞭笞。这从侧面来看，也说的是《红楼梦》此书写得太好，乃至于吸引人走上了不归路。这样的讲法似乎更能反映出这本书的特有魔力。我甚至大胆猜测这样的说法并不出于真正的卫道士之口，极有可能是唱着双簧戏的穷酸文人，拿了书商的银两去故意散布这一近乎广告般的趣谈。

而进入现代社会之后（我特指“五四”之后），《红楼梦》首先从文字上打动了人心，一如梁任公之新民体文风。这里有了一个内容向形式的转换，这样的转换一向被认为是艺术现代化的萌芽表征。借助时代的风气，曹雪芹一下子忙碌了起来：一阵风过，他便成为了“白话文运动”的祖先，又一阵风过，他便成为了“自由恋爱”的师爷，又一阵风过，他便成为了“文化大革命”中反抗旧社会三座大山的领袖人物，再一阵风过，摇身一变成为当下人们的心灵鸡汤。我们蓦然回首便会发现，《红楼梦》的百年命运，自然不由长眠地下的曹雪芹来做主，甚至都不由《红楼梦》这部书来自己决定读者阅读的内容。在百年的《红楼梦》研究，或者“红学”热潮之中，《红楼梦》文本在大部分时间里始终处于失语的状态。

既然政治运作意义上的《红楼梦》，以及历史研究意义上的《红楼梦》，都要压过文学世界里的《红楼梦》，那么，反观张云的这部研究著述，便能对于那些续作，无论是《续红楼梦》、《补红楼梦》、《绮楼重梦》，还是《红楼圆梦》、《红楼梦影》、《新石头记》，具有一番历史背景之下的了解与同情。正如戚蓼生在为《石头记》作的序中所言：“乃或者以未窥全豹为恨，不知盛衰本是回环，万缘无非幻泡，作者慧眼婆心，正不必再作转语，而千万领悟，便具无数慈航矣。彼沾沾焉刻楮叶以求之者，其与开卷而寤者几希！”这一层境界，甚为高深别致。以笔者之见，《红楼梦》本是乾坤初辟之时的所本然之“理”，不过是因缘巧合，借了曹雪芹之如椽大笔，在笔下标记了下来，是故文中所提及作者并非曹雪芹，实乃“石兄”。“石兄”者谁？或为先天地之间的那个“理”，那个形而上的意义所在。通俗地讲，在没有曹雪芹之前，就已经有了《红楼梦》之中的人事纷纭种种。否则，曹雪芹纵有屈宋之才子建之气，也终究巧妇难为无米之炊。

“世事洞明皆学问，人情练达即文章。”在《红楼梦》文本之中这是贾宝玉生平最厌恨之语，然而我们要知道此时之贾宝玉仍是迷的状态，离撒手悬崖的悟道之日还路途很远。悟道之前，这句话自然是假，悟道之后，这句话反而真真切切了。乔达摩·悉达多王子自幼“生于深宫之中，长于妇人之手”，吃穿不愁，美人无数。所有的世俗欲望，从小都因纵欲过度而被扼杀在了萌芽之中。于是长大之后放弃王位，逃离皇宫，看破红尘，苦行冥想，超度众生。但看破红尘的前提是先要经历过红尘：有过痛苦，才知道众生的痛苦；有过执着，才能放下执着；有过牵挂，才能了无牵挂。释迦牟尼佛成佛之前是这样，处于康乾盛世的曹雪芹，以及大观园里衣食无忧的贾宝玉也是这样。世事即是学问，人情即是文章，说明的便是此理。

是故《红楼梦》之无尽续书，虽费力不讨好，但也某种程度反射出人们的某种期许心愿。如海圃主人之《续红楼梦新编》，书中写道宝玉之子与宝琴之女婚配，惜春入宫为仲妃，宝玉之子出使暹罗国，化险为夷，立德立功。分明是《西游记》的重版，亦可见《水浒传》中李俊海外称雄之影像。旁人一观，与《红楼梦》原文比较，自是天悬地隔。然而殊不识，每一作者在接续的内容之中，亦各自有其大千世界。此一各异天地虽有境界高下之别，亦乃芸芸众生之万千幻相演化而来，借之关乎世情、凭吊古今亦无不可。

民初黄人曾于《小说小话》中言，“残缺其章回，正以完全其精神也”。神龙见首不见尾，乃中国书画留白笔法之妙用，缀文章亦然。倘若真如其言，那么当下成百上千红学家们孜孜不倦于勘定各色版本之际，曹公定于太虚幻境之上捧腹而大笑几万重也！

附：《红楼梦论赞》注札三则

贾宝玉赞

（原文）

宝玉之情，人情也。为天地古今男女共有之情，为天地古今男女所不能尽之情。天地古今男女所不能尽之情，而适宝玉为林黛玉心中、目中、意中、念中、哭泣中、幽思梦魂中、生生死死中悱恻缠绵固结莫解之情，此为天地古今男女之至情。惟圣人为能尽情，惟宝玉为能尽情。负情者多，微宝玉，其谁与归？孟子曰："伯夷，圣之清者也。伊尹，圣之任者也。柳下惠，圣之和者也。"我故曰：宝玉，圣之情者也。

（笔者小注）

情之圣者，原心亦原迹。宝玉尽情之所由，为其有位而谋之。大观园为其擅场，史太君为其后盾，浑浊之气不得入，父母之威不得迫，是以役其心而得行其迹也。势无固至，理有必然，宝玉之至幸，合势理而为一，殆神瑛侍者之前世天命乎？然佛法轮转之间不得长保容颜，此大抵长吉鬼"天若有情天亦老"之谓也。

林黛玉赞

（原文）

人而不为时辈所推，其人可知矣。林黛玉人品才情，为《石头记》最，物色有在矣。乃不得于姊妹，不得于舅母，并不得于外祖母，所谓曲高和寡者，是耶，非耶？语云："木秀于林，风必摧之；堆出于岸，流必湍之；行高于人，众必非之。其势然也。"于是乎黛玉死矣。

（笔者小注）

黛玉晴雯之一体两面，于此人情练达之际见得分明。黛玉之凄风苦雨，内发于还泪之宿命，外熏于乌鸡之白眼。乌鸡之流，非旨宝钗袭人之志，实祸于王善报、周瑞、赖大之死鱼眼不惯光鲜。光鲜之美，为祸甚于为福，自古红颜多命薄，此大抵宝钗“一问摇头三不知，不干己事不张口”之藏拙苦心耳！

薛宝钗赞

（原文）

观人者，必于其微。宝钗静慎安详，从容大雅，望之如春。以凤姐之黠、黛玉之慧、湘云之豪迈、袭人之柔奸，皆在所容，其所蓄未可量也。然斩宝玉之痴，形忘忌器；促雪雁之配，情断故人。热面冷心，殆春行秋令者欤？至若规夫而甫听读书，谋侍而旋闻泼醋，所为大方家者，竟何如也？宝玉观其微矣。

（笔者小注）

涂瀛老此番演绎，愚最是无心苟合。“热面冷心”，竟不知此四字从何而来。黛玉秋疾之间，宝钗频频顾问，药补兼之食补，一任挚交热肠，又何忍敷衍“藏奸”一说？宝钗藏拙，大智若大愚，一则弱德之教使然，二则为篱下寄人之权宜计，前为闺门之教，后亦无奈之举，均之无可厚非也。观其微，其形容举止，异趋黛玉之“逆”美，同归群芳之“合”美。

“千年未有之大变局”
——以梁启超为例浅谈清末民初媒介技术变革与“经世致用”思潮的双向互动

一、引言

梁启超是近代中国新闻界当之无愧的“普天下郎君领袖，盖世间浪子班头”，是以政治家身份从事报刊活动的伟大舆论倡引者，他在上海创刊的《时务报》，通过多次新派旧派人物之间的论战，掀起了“老大帝国究竟应该何去何从”的论辩高潮；他提出“耳目喉舌”论，揭示报刊“向导国民”、“监督政府”等诸多重大社会功用；他开创“新民体”文风，“一纸风行,海内观听为之一耸”！（严复语）……有学者认为,他称得上是“中国近代新闻事业史上的一座树碑深刻的新闻思想家，影响了后世的办报活动”[1];有学者评价说,“在从鸦片战争开始到‘五四运动’时期完成的近代舆论转型中，被誉为‘舆论骄子’的梁启超起到了核心人物的作用”[2]。

任何卓越人物都离不开他所身处时代的孕育，作为“舆论骄子”的梁启超亦是如此。一百多年前，步履蹒跚的老大中国，带着满腹沉重而又沉痛的忧患，无奈地跨入未知的二十世纪。不断变换着“改良”与“革命”招牌的鲜红旗帜，已经不再如1840年的洋枪炮般令人感到新奇。对于大街小巷的

[1] 屈家惠：《试论梁启超的报纸思想》，《四川教育学院学报》1997年第3期。

[2] 史媛媛：《梁启超与中国社会舆论的近代转型》，《郑州大学学报》2001年第1期。

平头老百姓而言，那些具有无穷伟力的大人物们的美好幻想，不过如水中之月镜中之花，太过奢靡的同时无疑也太过飘渺。千千万万个残缺不全、如同鸡毛蒜皮般渺小的魂灵中，“莫谈国事”这四个无形大字就如同紫禁城的金科玉律，青苔深深地、不由自主地植入他们由祖辈传承下来的历史基因之中。也正是这些鱼龙混杂、朱紫难辨的历史基因，左右了中国世代因袭着的、透发出陈腐气息的王朝命运。漫漫长夜等待黎明，太阳总是在最黑暗的时刻升起，与此同时的中国思想界，已经刮起“千年未有之大变局”的启蒙飓风，使得晚清以降的白话文运动、语言革命、下层社会的启蒙运动成为可能。清末民初的媒介技术革命造就了中国现代知识分子群体，以梁启超为代表的舆论领袖们就有了“利用新式印刷技术创办现代教育、新式出版、新式媒体的可能，并由此而开辟了改造社会的新战场，重新构建了精英知识群体与社会大众的关系，改变了中国社会大众的思维方式和思想基础”。[1]

二、媒介技术变革对“经世致用”思潮传播过程中的“推波助澜”

借用霍尔（Stuart Hall）的分析方法来说，晚清社会从1840年门户洞开之后，历洋务运动、甲午海战、戊戌维新，辛亥前后十余年间的各种变革，对文化的改造和变革逐渐压倒其他各种要素，被各个社会阶层所重视。在这个印刷生产实践的现代展开过程中，无论是文化人的学术活动，还是维新人士的译书、革命志士的改良、革命，无不借重于印刷技术以开展社会舆论的改造。晚清民初的思想文化变化因此而与印刷现代性的展开密切相关。对于中国现代思想文化的发生而言，就不只是印刷技术为新文化的发展提供了便利条件，而是由于印刷技术的现代展开，带来了背后整个社会的思想观念转变，带来了从生产到再生产完成的整个运作机制，以及随之而来的一系列社会功能组织的变化。于是，印刷出版的生产实践过程与

[1] 许纪霖、罗岗等：《城市的记忆——上海文化的多元历史传统》，上海书店出版社2011年版，P65。

现代思想文化特质的发生过程相互缠绕、推进了中国现代思想文化的发生和发展。新的文学观念、思想，以及接受这一新文学观念和思想的社会文化基础，也就在印刷现代性的展开过程中得以产生。笔者试图以晚清媒介技术发展与媒体内部机制变革的关联性、晚清媒介技术与公共领域发展的关联性以及媒介技术发展给社会传播习俗带来的变化三大视角维度来透视媒介技术变革对"经世致用"思潮传播过程中的"推波助澜"作用。

（一）晚清媒介技术发展与媒体内部机制变革的关联

毋庸置疑，伴随着欧风美雨对老大中国的不断侵袭，晚清民初的新式报刊首先脱胎于传教士报刊。传教士报刊不仅带来了西方近代印刷技术、设备和近代报刊的形式，还传来了近代报刊采写编译等业务模式，"他们重视新闻采访工作，不少报刊创刊不久就广泛征求新闻稿件，这种崭新的新闻理念对中国当时报人的影响是重大的"，"传教士报刊已经意识到传播过程中的'反馈'非常重要，报刊开始重视读者的反馈与互动，这几乎是报业史上的重大突破"[1]。而这一伴随着欧风美雨传播入老大中国的"新式报刊"，其两大具有先进性的时代特色又体现得分外明显：

其一是副刊的"横空出世"。晚清新式报纸的版式、插图、副刊，都是邸报、京报等中国古代报纸所没有的。副刊的出现，改变了几千年以来邸报只是"上传下达"的政治功用，增添了报人与读者的互动，以及在此一互动过程之中启蒙思想的逐渐传播和"民智"的逐渐开发。

值得注意的是，副刊小品文在近代机械印刷文明的土壤中，趁政治和时代之风，借报刊之势突飞猛进，成为近现代文学风格的一种典型。小品文属于报刊文艺的大范畴，伴随其发展而起伏变化。小品文中有大量传统的游戏文章，在形式和内容上与文集之文并没有太多差别，只是载体不同而已。但游戏文章这一古老的文体开始登上现代舞台，在近代报刊中不仅玩起了跑龙套，甚至唱起了主角。这一问题归结到根本，我们不难发觉：

[1] 许正林：《中国新闻史》，上海交大出版社 2008 年版，P66—70。

副刊的“横空出世”固然是为启蒙“民智”，但就传播信息的形式而言，一种浅近通俗并且适时插入游戏文字的副刊更有利于吸引读者的青睐。

其二是广告的“大军入侵”。在《中国近代报刊史》中，方汉奇论述了随着技术发展而出现的报刊广告情况，“资本主义的商业广告，在报刊的版面上占有越来越大的比重。中国古代的报纸如邸报，如报房京报，都从来不登广告，利用报纸刊登商业广告完全出于大规模地发展商品生产的需要和帝国主义经济侵略的需要，是中国报纸‘近代化’即资本主义化的标志之一”。

晚清时期，随着现代广告传播手段进入报刊产业链，广告便开始对中国新闻舆论事业的发展产生特殊的影响。推动报刊的销售作为一种信息传播手段，传递商品信息、推动商品销售，这是不言而喻的。梁启超的“小说界革命”（1902 年）之后，每年标榜为“新民”小说的产量都以加速度的方式增长，并在 1907 年左右达到顶峰。报人要想在市场中赢得主动，为小说打广告便成了必不可少的推销手段。而这一既成的事实，在清末民初之前的几百年甚至几千年间，是不可想象的神奇故事。

（二）晚清媒介技术与公共领域发展的关联性

晚清以降，封建皇权控制社会的力度逐渐松弛下来，作为“舆论之母”和文化载体的民间传媒，在形塑公共舆论方面理所当然地承担起传承导控的职责。民办报刊改变了传统的官民文化格局，在文化层面上加剧了国家与社会的疏离与对峙。

西方的“公共性”古已有之，苏格拉底的街头辩论仍旧是象征西方“自由民主”的悠久政统。而与此相对照的是，几千年的中国历史除了由特定政治事件引爆的少数混乱时刻外，直至晚清延续的仍是“君君、臣臣、父父、子子”的固化统治。中国人的古训是在公共场所“莫谈国事”，而康德却说只有在公共场所，你才应该把自己的真实想法和盘托出，在私下里，你倒真应该执行你作为一个合法公民应尽的义务，要你怎么做你就怎么做，但所有的不满与意见都应该在“公共空间”得到发泄与表达。

"公共性"的另一表述是"开放性"，而在皇权专制政统的积习与人民幽暗意识的牢牢把握下，这一"公共性"的思想政治原则隐而不彰。直至梁启超才借助革新的媒介技术将这一"公共性"逐渐开发出来。吴燕在《晚清上海印刷出版文化与公共领域的体制建构》一文中指出，作为一种非官方的公共媒介，晚清印刷出版文化的空前繁荣促成了民间文化的繁盛，加剧了政治国家与市民社会的分离；同时，中国传统士大夫也随着传播媒介的商业化与工业化而逐渐转变为具有独立人格和价值观念的新式知识分子；而租界特殊的政治格局则为印刷出版文化提供了批判专制国家的舆论空间。由此，晚清上海印刷出版文化所荷载的公共舆论呈现出独立性、公共性、批判性等特点，对这一时期上海公共领域的体制构建产生了重要影响。

甲午中日战争后，由于报刊之中的启蒙思想如大飓风般在朝野内外得到广泛传播，中国人开始意识到自己是"国民"，"盖国家者，成于国民之共同心"，再以后，到1897年，就有人提到了"社会"这个词，专指国家之外为某种目的自行形成之组织。于是"社会"就成了"绅士"表达其个人意愿的公共空间。而立宪运动一开始就存在着"皇帝"和"绅士"两个主体，正是这两个主体之间日益尖锐的冲突，导致了清王朝的崩解灭亡。由此可见，清王朝的"寿终正寝"，与"公共空间"的开辟息息相关；归根到底是与清末民初的媒介技术发展，存在着潜性的因果关联。

（三）媒介技术发展给社会传播习俗带来的变化

大众传播媒介的发达，是近代社会变迁的重要动力和指标。经验材料表明，没有教育、通讯、交通和大众传媒的普及发展，经济增长不能直接作用于政治变革。清末民初，中国的大众传播业迅速发展，并呈现出鲜明的民间化态势。作为经济与政治的中介环节，这不仅促成政体形式由帝制向共和剧变，而且引起整个社会结构的连锁反应。

其一，生产技术和生产能力的变革，印刷文化的大规模生产成为可能，新式出版物、新的知识形态得以出现，这不仅是晚清民初以来中国启蒙思想的重要载体，更是启蒙思想和文化本身的表现形式，印刷出版成为变革“历史中的一股力量”。

其二，印刷出版的工业化生产，不仅改变了传统雕版印刷的文化生产方式和面貌，也改变了印刷出版企业的文化和组织方式。传统官刻、坊刻中占主流的一个老板加上几个伙计组成的编校、刻印、发行三位一体的书铺生产模式不能适应新的文化生产的需要，新式的书刊编辑组织工作，编辑部的建立成为出版业中不可缺少的一个环节。由于社会组织和文化生产形态的变化，上海的近代化过程由此开始，以资本主义经营方式建立起来的，组织严密、分工细密的近、现代印刷出版的生产模式得以确立。

需要突出强调的一点是，印刷文化的大规模生产同时也使得区域性的传播方式开始变得整齐划一。在“千年未有之大变局”以前，中华帝国政治信息以及学术信息的传播方式始终是自发而零散的状态，“分久必合，合久必分”的古训从侧面强调了绵延几千年的割据势力从来都是一股不容小视的帝国力量。由于政治力量在各地各自为政，一代又一代传承之中的思想学术又本乎家学渊源，所以信息的传播在清末民初之前始终带有浓厚的地域特色。而处于此“千年未有之大变局”之际，以梁启超为代表的启蒙报人顺势运用日新月异的媒介技术，使得“经世致用”思潮在各地达到了“朝发夕至”的传播效果，深刻影响着具有全国统一性质的传播方式的迅猛发展。

三、“经世致用”思潮对媒介技术变革的“殷切期盼”与反作用

正如知识群体的思想和认识没有得到物质技术手段的支持，就开不出新路，难以有作为一样，印刷技术本身并不能自动地产生社会改造的力量，只有在特定时期的人、思想与技术变革之后，才可能产生巨大的社会和文化改造力量。晚清民初的“崇实”思潮和印刷技术变革所提供的社会变革所提供的社会变革可能性结合到一起。知识群体有了思想上的认识，感觉

到了新式媒体潜在的社会改造的可能性，新生的技术工人掌握了新的印刷技术，有了新式印刷机，具备了一定的文化生产能力，可以编印新式报刊、可以大量出书，生产此前完全不能想象的文化产品，这确实是一个此前未有过的新景象。

而梁启超作为中国近代史上报刊事业的奠基人，同时作为“经世致用”思潮的“道统”承载者，既可作为个案剖析的典范，又能具备普遍的时代意义。梁启超生于1873年卒于1929年，是广东新会人，在他短暂的56年生命历程中有27年在从事与报业有关的活动，主持了17个不同的报刊。他一生致力于政治变革、思想启蒙及文化救国，投笔为枪是其最有力的武器，从“公车上书”、“戊戌变法”再到“五四运动”，他的言论、思想影响之大，几乎在其同时期无人可与之媲美。他撰写新闻报刊雄文30余篇，形成了内容丰富、独具特色的“经世致用”思想。

梁启超在报界广为人知，始于上海《时务报》时期。而在此之前，他已有创办《中外纪闻》等报的经历。他在追述创办《中外纪闻》那段历史时说：“当甲午丧师以后，国人敌忾心颇盛，而全瞢于世界大势。乙未夏秋间，……彼时同人固不知各国有所谓政党，但知欲改良国政，不可无此种团体耳。而最初着手之事业，则欲办图书馆与报馆。”

启蒙大众是梁启超“经世致用”的办报思想的关键发挥。他曾言：“……回想十八年前《中外公报》沿门丐阅时代，殆如隔世；……若夫立言之宗旨，则仍在浚牖民智，熏陶民德，发扬民力，务使养成共和法治国国民之资格，此则十八年来之初志，且将终身以之者也。”（1912年）在戊戌变法失败前，他说：“东西各国之有报也，……，郁郁夫，洋洋乎，宗风入于人心，附庸蔚为大国，何其盛也。”（1897年）变法失败流亡日本期间，他仍锲而不舍地坚持此目标。在阐述《清议报》的特色时，梁启超说，倡民权、衍哲理、明朝局、历国耻，“此四者，实惟我《清议报》之脉络之神髓，一言以蔽之，曰广民智振民气而已”。他认为数千年来中国“所以不振，由于国民公德缺乏，智慧不开”，而报纸则可以“采合中西道德以为德育之方针，广罗政学理论，以为智育之原本”，从而“养成共和国法制国民之资格”。就启蒙民众思想、培养民众道德而言，除小说之外，报刊是梁启超最为看重的传播媒介。报刊的重要性为近代知识分子所认识，主要是因为西方的刺激。对于改良派知识分子来说，报刊在政治上的功能无疑最能引起他们的兴趣。在当时犹属商人经营的商业性报刊中，知识分子发现了可以发表自己思想的广阔天地。

“近世泰西各国之文明，日进月迈，观已往数千年，殆如别辟一新天地，究其所以致此者何自乎？我曰是法国大革命之产儿也。而产此大革命者谁乎？或曰中世纪神权专制政体之反动也。而唤起此反动力者谁乎？或曰新学科新艺勃兴之结果也。而勃兴此学新艺者谁乎？无他。思想自由、言论自由、出版自由，此三大自由者，实为一切文明之母，而近世种种现象皆其子孙也。”他对西方历史的解释最后视三大自由为阿基米得支点。这一论述表明了他对中国的内在期望，即应开放三大自由，使现代国家建成，民族文明勃兴。由于理想的报刊舆论对于政府、民众及未经启蒙的报业而言，表达着多数人的公意，有着启蒙布道的功能，

所以“三大自由”所着重者，则在于向政府要参与的自由，保障报刊生存的合法性与独立性。

此外，“经世致用”思潮的席卷之势，使得梁启超更加坚定了自己“帝王师”的梦想,并在媒介传播技术上勇于创新报刊编辑体例。他在编辑《中外纪闻》时，开创了“一事一议”的短评栏，在编辑《新民丛报》时，专门开辟了“国闻短评”栏。“时评”体裁栏目逐步成为中国近代报刊上引人注目的一个重要报刊体裁。梁启超积极运用新式页码和标点编排。他在办《新民丛报》时，充分吸取了西洋书编页的长处，改进编页方式，采用每页两个号码的编码方式，使检索方便。梁启超积极改革报刊版式编排。办《时报》时已用点号、分段，字体用小楷字，并用不同的字号和圈号来区分内容的重要程度，并且提高其标题的醒目程度。

四、结语

当下的新闻舆论界技术革新一日千里，“方便快捷高效”的信息化处理方式让人在感到兴奋的同时，也遗留下诸多内在潜存的隐忧。而一些新闻工作者“一切向钱看”的价值取向更让新闻舆论的社会效用无法得到真实的发挥。而纵观梁任公一生之忧乐，皆源于对老大中国的无尽歌哭。正因为“今天下之可忧者莫中国若”，所以他的笔端永葆不竭的激情；又因为“今天下之可爱者亦莫中国若”，所以他不愿“以猛药厚味”损耗尽中国元气。他的大恨脱胎于他的大爱，最终又回归到他的大爱，“吾愈益忧之，则愈益爱之；吾愈益爱之，则愈益忧之”，这落落的“诉衷情”之间已分明见得几分书生的呆气。他陶醉于他的书生呆气，更陶醉于他的家国关怀，也正因为如此，他相较于他同时代的所有政客、所有文士而更显其为文的纯粹天然，更显其为人的通体透明。“凡有信仰的人，对于他所信仰的事，总含有几分呆气，自己已经是不知其然而然，旁人越发莫名其妙。”他对事理的概括向来“不着一字”却“尽得风流”，因为他的概括背后总藏着他最为真实的内心。他真正堪称新闻人心间的“普天下郎君领袖，盖世界浪子班头”，不仅风雨如晦的过去是这样，步入“后现代”的现在和将来也应该如此。我们之所以要去反观作为报人先驱的梁启超以及其“经世致用”的时代思潮，不独有利于“雾里看花”的今人逐渐摸清历史真相，而且对于当下新闻职业本位的坚守以及传媒时代如何把控“道德原则”，无疑具有现实而深远的启迪。

参考文献：

［1］陈钢：《晚清媒介技术发展与传媒制度变迁》，上海交大出版社 2011 年版。

［2］许纪霖、罗岗等：《城市的记忆——上海文化的多元历史传统》，上海书店出版社 2011 年版。

［3］刘增合：《媒体形态与晚清公共领域研究的拓展》，《近代史研究》2000 年第 2 期。

［4］梁启超：《清议报一百册祝辞并论报馆之责任及本馆之经历》，张品兴，《梁启超全集》（第二卷），北京出版社 1999 年版。

［5］霍尔、保罗·杜盖伊等著，霍炜译：《做文化研究——索尼随身听的故事·导言》，商务印书馆 2003 年版。

［6］史媛媛：《梁启超与中国社会舆论的近代转型》，《郑州大学学报》2001 年第 1 期。

［7］梁启超：《论报馆有益于国是》，张品兴：《梁启超全集》（第一卷），北京出版社 1999 年版。

［8］屈家惠：《试论梁启超的报纸思想》，《四川教育学院学报》1997 年第 3 期。

［9］许正林：《中国新闻史》，上海交通大学出版社 2008 年版。

［10］方汉奇：《中国近代报刊史》，山西人民出版社 1981 年版。

［11］吴燕：《晚清上海印刷出版文化与公共领域的体制建构》，《江海学刊》2004 年第 1 期。

［12］桑兵：《清末民初传播业的民间化与社会变迁》，《近代史研究》1991 年第 6 期。

须信此翁未死，到如今凛然生气

——再思陶渊明其人及其他

那个叫做陶潜的老头儿，到底是怎么一般面目？至今谁也说不清了。就像曹雪芹，我们以为他为了增删《红楼梦》，十年内已然变得瘦骨嶙峋；可近来的史料却佐证他一直都是个大黑胖子，至死都是那样子。在骚人墨客看来，这实在是件有伤风雅的事；古代文人常用竹子来譬喻有气节的大丈夫，一个很重要的原因便是因为竹子不仅有“节”，而且多的是瘦骨。如此一来，历代的《归去来兮图》里分明见得一位槁项黄馘的老头儿面貌，而不可能按照像曹雪芹的真实原型那样，去进行所谓的客观还原。

其间的缘由，固然与自发的文化心理有关，但也不排除别有用心的后来人故意将朱色变为蓝，关于这一点我们最好参见学者田晓菲《尘几录：陶渊明与手抄本文化》一书中的相关论述。而我所要言讲的，是陶渊明所经历的具体困境，以及他最终的超脱情怀。这虽然是老生常谈的调子，但我以为只要弹得好听，多弹几遍也是无妨碍的，更何况泠泠七丝的松风古调，今人确已不再多弹。

陶渊明不是天上的神仙，它有着人之初的七情六欲。当下的学者写某人的传记，常倾心于这样的开头。仿佛越是常识的道理，越容易抖出新奇的花样，其实开题之后的破题承题仍旧是思路陈旧，终至于不堪卒读。这颇近乎新闻报道之中的“标题党”，全是些骗人的伎俩。陶渊明不是神仙之后，仍有着超出寻常人的地方，仍然留存有几许的“神仙性情”，这才是问题的关键所在。

少时的他虽然家境没落，但仍旧在没落的途中，比起一贫如洗的八代贫民来，不知道强到哪里去了；也正因为如此，才为他和慧远和尚成为相交知己腾出了时间空间。可谁的青春又能够真正耐得住寂寥？如若靖节先生不曾轻狂过，他又何来的“少时壮且厉，抚剑独行游”？若他不曾轻狂，“刑天舞干戚，猛志固常在”的“常”字当作何解呢？龚自珍亦有诗云，“陶潜诗喜说荆轲，想见停云发浩歌”，“莫信诗人竟平淡，二分梁甫一分骚”，若说起“遥体人情，悬想世事”的功夫，我以为龚定盦应当不让先人后人。到此，我们以为陶渊明生来就是那副五柳先生的清高仪表的成见，应当渐渐祛除其褊狭的色彩了。任何人都不必也不能贪图所谓的“境界”，“境界”要等到千回百转之后才会有；百川终到海，只有经历过丰富的人生曲线，“坐而论道”才可能落到实处。下面的论述也是围绕着这一话语基点而展开。

陶渊明的“猛志”之想以及“停云”之叹，究竟缘何心事而发？在这一问题之上，我们习惯于“宏大叙事”，却不免在针对性策略的提出上流于空泛。反抗黑暗乱世的哀叹固然有之，不食周粟的高尚节操固然有之，然而这都不是最为急迫的现实缘由。孟夫子之谓的“仕非为贫也，而有时乎为贫”，对于进退之间反复翻覆的靖节先生而言，真可谓是正中其下怀。在《与子俨等疏》中，他曾吐露过这样一段实情，“但恨邻靡二仲，室无莱妇，抱兹苦心，良独内愧”，从这句话我们不难看出，他对于邻人及家人的怨愤似乎还要大于爱怜的情绪。我们从反面也可以推测，邻人及家人对他五仕五隐的自作主张颇为不合作，在这里考虑更多的不是相互之间能否“惺惺相惜”，而是面对拖儿带女的贫困处境，如何才能寻得一条持久而坚硬的后路。因为生活从来就不是请客吃饭，不是作文章，不是绘画绣花，不能那样雅致，那样从容不迫文质彬彬，那样温良恭俭让；生活是持久的奋斗，是与现实的妥协与抗争，是柴米油盐酱醋茶，是母亲的哭笑，是儿女的寒暖。

宋代的苏轼自从因为“文字毁谤君相”的“乌台诗案”发生之后，郁郁不平之间一直与六百多年前的靖节先生保持着精神之来往。“欲仕则仕，不以求之为嫌;欲隐则隐，不以隐之为高”(《东坡题跋·书李简夫诗集后》)，他以自己的豁达揣测着陶潜的豁达，或者说，他愿意作陶潜门前的那株菊花。但曾经卧倒东篱的陶潜，本身并未持有任何永久的姿态，后世文人的涂抹，早已遮蔽了靖节先生作为个体生命的历史丰富性和暧昧感。而上述话语，我更愿意表示为“弃隐而仕，不得已也；弃仕而隐，亦不得已也”，隐与不隐间，“妾身难又难”。联系前段所引，我以为“邻之二仲、室之莱妇”向来只具有典型的价值，而没有普遍的意义；正如孟夫子之谓性善论，不过是指导精英群体向上攀登的一道幽明,它始终无力对抗大众群氓们“从恶如崩”的向下习性。这里的“贫”当然不是什么“恶”，但它也蕴藉着原罪般的等待救赎义，于靖节先生而言，能够救赎他的只能是他自己，并且唯有通过“出仕”这一条单行道。

较之政坛风云中的三起三落，靖节先生的五仕五隐更有文化史上的象征意味。“积善云有报，夷叔在西山。善恶苟不应，何事空立言”，靖节先生通过于历史与现实的交织之间向内向外的不断叩问，终于找寻到“不赖固穷节，百世当谁传”的自我解说词。这一古今文人身心处安身立命的伟大转折，却是以陶渊明“贫贱夫妻百事哀”的辛酸血泪史为其现实的代价。我们若是将陶渊明简单定格为隐士圈子里的“郎君领袖”，不仅是对他个体生命中血肉之躯（抑或“形而下”者）的无端否定，而且对于陶渊明其人其文也将永远不能见出真实的面目。

传统与现代之间的“光荣革命”
——读高全喜《立宪时刻——论〈清帝逊位诏书〉》有所思

辛亥革命的价值意义，怎么评价也不为过分。由于身处娱乐时代，当下的犬儒学者们通常“只见树木，不见森林”，这不仅是他们自诩的“创新点”，而且亦是他们之所以维系自己的生存饭碗。于后现代时风之下，学林本该不阿世曲学的那股浩然之气渐隐渐灭，于是出现了诸多哗众取宠的无稽怪调：“袁世凯其实是千古第一豪杰”、“孙中山是暗杀派头子，‘叛徒’陈炯明‘有苦难言’”、“辛亥革命的发生是偶然之中的偶然”（张鸣）、“慈禧太后利国利民的君主立宪被革命党人所无情扼杀”（李泽厚）……诸如此类高举翻案旗帜的“历史真相”，的确能够满足一大批只愿用耳却不愿动脑的娱乐者，因为在他们看来，历史是任人打扮的小姑娘，是可供大众消遣观赏乃至于蹂躏的娱乐品。所谓的“真实历史”因其时空的距离已经无法完整再现，他们于是有了这样一个省时省事的空子可钻，他们所编造的历史已然文学化，甚至于小说化，也只有如此，才能保证“人见人爱”，才能保住“销售排行”。而高全喜的这本《立宪时刻——论〈清帝逊位诏书〉》却不是这样的存货（虽然本质上也属于“翻新之作”），笔者试着从三个不同的学科角度切入，简要地提炼出此书关于辛亥革命与《清帝逊位诏书》之间所暗藏的“古今之变”与“古今之续”。

一、政治宪法学上的“立宪精神”

“中华民国肇始之际的国家创制，皆表明它是由各种制宪力量氤氲汇合而形成的”，在此汇合而成的力量之中，辛亥革命是一股强大的推力，是以暴力手段进行的关于阶级对峙意义之上的历史大变革，尽管辛亥革命在创立民国的历程之中起着突出而显要的作用，但它绝不能囊括与“霸占”此间变革所带来的全部历史意义。高全喜先生在这里引出西方政治学中的两大概念——“非常政治”与“日常政治”，毋庸置疑，辛亥革命在此模范而成功地担当了构建“非常政治”的光荣使命，然而问题并不那么简单，对于现代中国的创基而言，从“非常政治”如何顺利平稳地转化而为“日常政治”似乎更为重要。在这样的转化过程之中，尽管表面上看似“风平浪静”，其实暗中的操作与权力的制衡却颇为复杂，《清帝逊位诏书》在这一转化过程中所凸显的“和平力量”，不仅不应像以往那般轻视甚至忽略，而且值得重新开拓领域来对之进行客观而合理的探求。

二、历史民族论上的“五族共和”

清末民初，政坛学界的“民族之论”颇为壮观。1895 年孙中山在香港筹建兴中会总部时就提出“驱逐鞑虏，恢复中华”的主张。著名国学家刘师培在他的《两汉学术发微论》一文中就一再强调：“清儒内夏外夷之言，岂可没欤！”为了辩明汉满“种界”，提倡“种界革命”，刘师培还特作《中国民族志》一书以作学理上的声援。曾经刺杀慈禧太后未果的反满志士陶成章在《中国民族权力消长史叙例七则》中把满族归入蒙古族，以证明满族与汉族不是同种；因为民族论而烜赫一时的章太炎更是排满阵营之中的得力干将（详见《客帝匡谬》一文）。笔者以为，排满之民族论对于辛亥革命的速成固然能够“推波助澜”，然而此一并不科学的论调极容易导致中华民族的内部离心，而忽略掉整部近代史上企图亡灭中国的真正敌人——西方列强以及日本帝国主义。《清帝逊位诏书》之中的“五族共和”论正有利于纠正辛亥革命中不自觉而产生的“大汉族主义”倾向，清帝的自动退位更是在客观上真正践行了这一“五族共和”理念。

三、哲学天命观上的“旧邦新命”

有清以来二百六十余年，入关之后历世祖、圣祖、世宗、高宗、仁宗、宣宗、文宗、穆宗、德宗、光绪、宣统十朝，皆以“君权神授”为天命在我的历史担当。每遇一“千古未有之变局”，其革新者必与当局有一番“天命”或曰“道统”之争。1925年，戴季陶发表一篇题为《孙文主义之哲学基础》的文章，他在文中重新解释了“三民主义”，他认为国民政府的正当性和合法性来自于对中华民族五千年“道统”的继承，继承了尧舜禹汤文武周公孔孟，一直到今天中华民国的“道统”。可见“汤武革命”与“道统之争”不仅存在于清王朝覆灭之前，而且也一直存续于国父逝世之后。这一“天命”之争在二十世纪初具有相当现实的话语目的，但从长远来看，它不仅维护了五千年中华文明存续之天赋权责（迥异于“中华不亡、天理难容”之西化犬辈），而且昭示着“新命”的开创其实源于对“旧邦”的承续与改造。从这个角度来看，无论是辛亥革命“吾志所向、一往无前”的暴力主张，还是《清帝逊位诏书》之中“近慰海内厌乱望治之心，远协古圣天下为公之义”的和平理念，终于在这一哲学天命观的承继之上获取到实在的共识。

除此三点之外，《清帝逊位诏书》虽然是在南北大势的逼迫之下做出的让步（主要是对袁世凯的让步），但无疑也是对袁世凯以及从此之后帝位觊觎者的一大限制，“今全国人民心理，多倾向共和，南中各省既倡议于前，北方各将亦主张于后，人心所向，天命可知，予亦何忍以一姓之尊荣，拂兆民之好恶？是用外观大势，内审舆情，特率皇帝，将统治权归诸全国，定为共和立宪国体”，其潜台词无外乎退位的最核心条件是不传于“一家一姓”，只传于“共和政体”。通观全书，获益实多，于此间不胜枚举。然白玉之隙亦存微瑕，笔者窃以为全书若能兼析具体历史背景之下政治军事力量之微妙对比及其变化，则书中稍许“以偏概全”之理想化色泽亦可更增充实挺拔之骨肉，倘能稍加修整，《立宪时刻》之大家小书便足臻上达之境矣。

附：《清帝逊位诏书》

奉旨朕钦奉隆裕皇太后懿旨：

前因民军起事，各省相应，九夏沸腾，生灵涂炭，特命袁世凯遣员与民军代表讨论大局，议开国会，公决政体。两月以来，尚无确当办法，南北睽隔，彼此相持，商辍于途，士露于野，徒以国体一日不决，故民生一日不安。今全国人民心理，多倾向共和，南中各省既倡议于前，北方各将亦主张于后，人心所向，天命可知，予亦何忍以一姓之尊荣，拂兆民之好恶？是用外观大势，内审舆情，特率皇帝，将统治权归诸全国，定为共和立宪国体，近慰海内厌乱望治之心，远协古圣天下为公之义。袁世凯前经资政院选举为总理大臣，当兹新旧代谢之际，宜有南北统一之方，即由袁世凯以全权组织临时共和政府，与军民协商统一办法，总期人民安堵，海内刈安，仍合满、汉、蒙、回、藏五族完全领土，为一大中华民国，予与皇帝得以退处宽闲，优游岁月，长受国民之优礼，亲见郅治之告成，岂不懿欤？钦此。

计自爱新觉罗努尔哈赤新中国成立，凡二百九十七年；自爱新觉罗福临入主，凡二百六十八年，至是而亡。退位诏书起草人为张謇。

当时尚有周天子，何事纷纷说魏齐?

记得查大侠当年在《射雕英雄传》的第三十回《一灯大师》里，曾经栩栩如生地讲述过这样一个小插曲：

黄蓉当下小嘴一扁，说道："孟夫子最爱胡说八道，他的话怎么也信得的？"

那书生怒道："孟夫子是大圣大贤，他的话怎么信不得？"黄蓉笑吟道："乞丐何曾有二妻？邻家焉得许多鸡？当时尚有周天子，何事纷纷说魏齐？"那书生越想越对，呆在当地，半晌说不出话来。

原来这首诗是黄药师所作，他非汤武、薄周孔，对圣贤传下来的言语，挖空了心思加以驳斥嘲讽，曾作了不少诗词歌赋来讽刺孔孟。孟子讲过一个故事，说齐人有一妻一妾而去乞讨残羹冷饭，又说有一个人每天要偷邻家一只鸡。黄药师就说这两个故事是骗人的。这首诗最后两句言道：战国之时，周天子尚在，孟子何以不去辅佐王室，却去向梁惠王、齐宣王求官做？这未免是大违于圣贤之道。

那书生心想："齐人与攘鸡，原是比喻，不足深究，但最后这两句，只怕起孟夫子于地下，亦难自辩。"

"乞丐何曾有二妻？邻家焉得许多鸡？当时尚有周天子，何事纷纷说魏齐"这四句戏语，究其原始演绎之"本事"，乃出自冯梦龙编写《古今笑概》中的《文戏部第二十七》。既然是“笑概”，便只是当不得真的玩笑罢了。可查大侠分明借了书生之口振振有词地表示，“最后这两句，只怕起孟夫子于地下，亦难自辩”，然而攻击孟夫子的这最后两句，果真是“大违于圣贤之道”吗？小子虽浅识不才，亦不愿随流附和，做个“曲学阿世”的和事佬，敢请试作一辩。

一个最基本的常识，周天子实行的是分封。分封的关系，严格地讲，不是简单的上下等级关系。钱穆在《中国历史研究法》中讲道，“自天子分封诸侯，再由诸侯各自分封其国内之卿大夫”，请诸位注意“再由”与“各自”这两大关键词。不是说全国大权只由周天子一人总揽，而是周天子的对应下属只能是诸侯。至于士大夫公卿的职权，是对诸侯负责，而不是对周天子负责。在“君君、臣臣”的礼制之中，周天子直接管辖士大夫，或者士大夫直接献策周天子，都是僭越的行径。这一分封制不同于二千年来的秦政，倒是与西方的“封建制”有着异曲同工之妙。钱穆先生讲到，“在西洋历史上的封建社会，则是在下面，不属上层的。罗马帝国崩溃了，各地乱哄哄，没有一个统一的政权。社会无所依存，于是一班人相率投靠小贵族，小贵族们又各自投靠依附于大贵族。他们在政治要求上，亦同样希望有一统一政权，但却无法实现”，这难道不正类似于春秋战国之时“礼崩乐坏”的场景吗？正因为如此，西方社会所实行的封建制度，也绝然迥异于中国两千年来的秦嬴政。

西周之时的社会组织是“小共同体”，不是大的国家机器。共同体建立的纽带是血缘，而不是军功；治国理念上采纳的是周公的礼制，而不是后世法家的刑罚，用孟子的话来讲，就是“人各亲其亲，长其长，则天下平”。“天下平”靠的是一层一层的尽职尽守，而不是众星拱月般让天子去乾纲独断。而这一层一层的关系之中，不是陌生的上下级在“各自为政”似的打交道，而是彼此熟悉的近亲或者远亲在处理内部的事务。不能由最低一级向最高一级去直接地进行远程汇报，而只能是通过高一级与次一级、次一级与低一级的熟人们来近距离地打理关系。这也正是分封制不同于后世所谓的“封建”

制的地方。这一制度的初始形态便是家长制，而之所以能够保证其稳定效应的缘由，也是出自这家长制的“温情”之上。周公制礼并付诸实践普及，使得周室历经八百年之久而不衰，成为中国历朝历代以来最长寿的一个王朝。

随着时间的久远流逝，血缘的关联逐渐淡化。“礼坏乐崩”之后诸侯相征伐，行法家之严刑峻法实属“情势所迫”，也的确是历史大势之所归趋。但我们不可忘记的是，中国的古代历史从来就不只是一个色调，也不可能永远只是一具无活力的僵尸；自周而秦，便是历史之大创举的发生时期。记得唐德刚先生1996年9月在《传记文学》发表过一篇题为《中国国家转型论提纲》的长文，他在里面率先提出两百年出“三峡”说：“中国政治社会制度的第一次大转型是在两千多年前，从封建制转到郡县制，前后经过了二三百年才最终完成。”这一精微而深远的论断，亦可资周秦异制之一大佐证。

关于鲁迅书信的二三杂言

我向来只愿意写文章，不愿意记日记。记日记比起写文章来，更有着沽名的嫌疑。当下的文学研究时兴“口述历史”，自然偏好名人日记的搜寻，以为名人的日记比起他们的招牌文章来，更具有真实的效力。殊不知近现代的那帮先生们，心中是袪不掉“藏山事业”的鬼火的，记起日记来，首先效法的便是“圣人”曾国藩胡适之之流。略略地想来，只有周树人的书信还是个例外——书信日记于他而言，只是记事记钱的账本，并不是记言记功的“美志”。

有些旧书，我喜欢倒过来阅读，鲁迅的杂文书信，又恰恰适合这样去做。衰年的鲁迅明显感到气短，文字的急促与无力便是明证，但毕竟是同一个鲁迅，并不只是“时有善言”（熊十力批评章太炎语）。我读起鲁迅杂文来，也仅是凭着兴趣，就像翻阅四大名著，并不是系统地从第一页翻起；我崇尚的是“信马由缰”和“走马观花”的读书法，虽然是时看时忘，好歹还留有些读书的笔记。

“我是不写自传也不热心于别人给我作传的，因为一生太平凡，倘使这样的也可作传，那么，中国一下子可以有四万万部传记，真将塞破图书馆。我有许多小小的想头和言语，时时随风而逝，固然似乎可惜，但其实，亦不过小事情而已。”（《致李霁野》）这是《鲁迅杂文书信选（续编）》（1972年4月）的最后一篇，细心的读者不难发现，文气之间已经有了许多苍凉的迟暮味道。鲁迅先生对于自己五十年来所积攒的那些“许多小小的想头和言语”，其实还是深为珍爱与惋惜留恋的，否则又何以有着这样的一番感慨？周身的太多人已经无法进入先生的心灵，先生只有用已近枯干的文墨来稍稍安慰一下自己的苦寂与孤独。然而先生是极有远见的人物，他那“中国一下子可以有四万万部传记”的预言和反语，的确在众声喧哗的当下社会里华丽上演，“真将塞破图书馆”早已是不足为奇的寻常事。急于为自己立传，或者用利禄“胁迫”着他人为自己立传，不过是证实着自己的平凡乃至平庸而已：贫乏的思想世界与精美的封皮装潢，从来都是有着天壤的差异；他们追求身前生后的“不朽”盛事，却加剧着他们心灵以及皮囊的“速朽”。静言思之，不亦悲乎？

“专看文学书，也不好的……以为这些都无足轻重，后来变成连常识也没有……我希望你们不要放开科学，一味钻在文学里”，“必须如蜜蜂一样，采过许多花，这才能酿出蜜来，倘若叮在一处，所得就非常有限，枯燥了”（《致颜黎民》）。看完这些文字，我们谁还狠心去说先生是个“褊狭”之人呢？自幼作为长房长孙的他，正因为经受了太多的冷眼与磨难，所以变得极其通达情理，以至那些斗他不过的御用文人们，只好怏怏地甩下一句“世故老人”的骂辞。文学这东西，向来十分“娇贵”，需要有足够的财力和闲情去“供养”它，而这“足够的财力和闲情”于一般人而言，时常于客观情况上不可多得，并非出于自己的不愿意。又因为当下的分工细密，以至于“文不能理，理也不能文”，学文的和学理的不仅已然隔有一条无法逾越的鸿沟，还彼此之间互相投以鄙夷轻蔑甚至仇恨敌视的目光和眼神——在具体利益之争上尤其明显。所以鲁迅先生七十多年前不经意的几句提倡，至今看来仍有其鲜明的现实意义。

攻乎御用的"软刀子"，斯可谓之仁
——浅谈杂文写作与社会批判的关联

诸多文体之中，诗歌一体太过朦胧，倘若不讲究内在的含蓄，却又失掉了诗歌的原味，比如雷抒雁的《小草在歌唱》。小说家语，原是荒诞不经，当下却又太过现实，批判的味道常常被彻骨展露的欲望所解构；戏曲一脉，渐入死巷胡同，除去几个自诩的传人，着实已不足一观，若非要去寻真正的戏味，还得"飞入寻常百姓家"才行。如此说来，唯有散文，才称得上是真正的自由书写。散文的书写不仅是对一种个人性的、试验性的、"创造"的尝试，而且它还包蕴着反抗"一种具有统一模式的、由概念和逻辑秩序支撑起来的文字建筑"（林贤治语）的内在原动力。而杂文，便是批判性散文最杰出的代表。

杂文往往是"软刀子"，其旨归是为了对抗那些御用的"软刀子"，所以它天然具有"在野"的性质。也正因为它"在野"，所以能够诞生思想：思想只属于在野的个人，不属于御用的集体；御用的集体没有真正的思想，有的只是服务于大一统的意识形态。每当我们想起"杂文"二字，自然会想起鲁迅先生来，"软刀子"的提法最初也是源自鲁迅先生。先生在《坟》的题记中写道："君子之徒曰：你何以不骂杀人不眨眼的军阀呢？斯亦卑怯也已！但我是不想上这些诱杀手段的当的。木皮道人说得好，'几年家软刀子割头不觉死'，我就要专指斥那些自称'无枪阶级'而其实是拿着软刀子的妖魔。"先生是"世故老人"，自然能看破御用文人们的诡骗伎俩，先生从来都不愿意自己及自己的学生去做无谓的牺牲。手无寸铁地去与杀人不眨眼的军阀硬碰硬，不仅收到的只是“对牛弹琴”的效果，而且也徒劳地增加些“生命之虞”，先生在其间看得是清清楚楚。可先生从来不是消极之人，先生肩上虽无枪，手中却有笔，而且是一支能够横扫千军如卷席的如椽大笔。先生知道,“拿着软刀子的妖魔”比起“杀人不眨眼的军阀”来，有时更为可怕：“杀人不眨眼的军阀”要的是“阳谋”，“拿着软刀子的妖魔”玩的却是“阴谋”。不先扫掉这些“拿着软刀子的妖魔”,那些“杀人不眨眼的军阀”是绝难清除的——他们随时可以借助这些“拿着软刀子的妖魔”的嘴脸东山再起。

“说话说到有人厌恶，比起毫无动静来，还是一种幸福。天下不舒服的人们多着，而有些人却一心一意在造专给自己舒服的世界。这是不能如此便宜的，也给他们放一点可恶的东西在眼前，使他有时小不舒服，知道原来自己的世界也不容易十分美满。”这样的话，无关的旁人听起来，自然觉得刻薄尖酸，无怪乎先生经常喟叹“伟大也要有人懂”。先生的大恨源自他的大爱，他身处狼烟四起的民国风云，本该“苟全性命于乱世”，安安稳稳作他的章门弟子；可他偏不发此小乘之心，却扬言“无穷的远方，无尽的人们，都和我有关”，对那些曾经作过恶或者当前正在作恶的敌人，临到死他也不愿意放掉一个。“我的可恶有时自己也觉得，即如我的戒酒，吃鱼肝油，以望延长我的生命，倒不尽是为了我的爱人，大半乃是为了我的敌人，——给他们说得体面一点，就是敌人罢——要在他的好世界上多留一些缺陷。”这样的话足以让他周身的敌人惊悚不已，他的刀斧吏性情，他的阎罗王脾气，从不像爱拿老婆出气的窝囊男人般发泄在每一个善良的中国人身上，他只针对那些“老而不死”的国之大盗与乡愿，他愿望如鬼魂般附在这些“拿着软刀子的妖魔”体内，如孙悟空般在他们肚皮里大闹几回天宫，让他们能够对自己日后的所作所为“如履薄冰，战战兢兢”。

由杂文想起先生

“先生”的称谓在现当代，似乎只属于鲁迅。这一“先生”，不是传统师塾的老夫子，而是现代史上青年的导师，是旧中国的“民族魂”。当下对民国的追忆，不免于要牵扯到对鲁迅态度的改观，可只要我们能够细心翻阅先生后期的杂文，我们便能知晓，先生未写长篇并非遗憾，先生牵涉政治并非偶然，甚至先生被人利用也是值得大书的事情。最能体现先生之意志力与才力的，毋庸置疑便是那一卷卷独一无二的杂文随笔。

周泽雄在《我为什么反感当今杂文》一文中写道：“鲁迅式的杂文，要在才识并举，文质兼美，由博返约，举重若轻。”我尤其注意其中用的这一个“重”字，这是先生的独到之处，这也是先生自我身心始终斗争不已的根源所在。印象之中，先生自幼便带着喘息之声，从替父亲抓药，继而异地求学，继而弃医从文，继而任教北大，继而南下广州厦门，继而就任“盟主”，先生无时无刻不在喘息，先生的体格越来越轻薄，先生的背影却越来越沉重。

杂文最为致命的一点，在于其手段与目的的相悖。手段上需要扛起无边的黑暗，目的却是要建设崭新的未来。前者是生命无法承受之重，后者却是生命企图承受之“喜乐”。杂文的笔墨不免于要刺痛，或者说要进行创伤的疗救，杂文笔墨的预期却是“必也使无讼”。只要美妙的蓝图尚未达到，先生所操起的笔墨将会越来越沉重，爱之深也，责之切也，先生始终无法如藐姑山吸清风饮玉露的仙女那般，放下一切，鼓盆而歌。

先生的杂文是素怀大志的，但其影响力还是限于了知识阶层，正如晚年的毛爷爷叹息文革不过是影响了北京城附近的几处而已。先生的笔调是生涩的，到了晚期，便加上一层近乎绝望的朦胧色调，这不仅让寻常人家难以痛快接收，同时也使得知识阶层不愿过多去思考其间近乎分裂的思想张力。于是，先生亦有感叹，“伟大也需要有人懂”。

杂文的策略是大闹天宫的策略，大闹天宫之后，尽管保留了“齐天大圣”的封号，但又有几人真当回事？不过是每逢国家的敏感日，大家淘出先生的只言片语，齐声念道：“时间永是流驶，街市依旧太平，有限的几个生命，在中国是不算什么的，至多，不过供无恶意的闲人以饭后的谈资，或者给有恶意的闲人作‘流言’的种子……然而既然有了血痕了，当然不觉要扩大。至少，也当浸渍了亲族，师友，爱人的心，纵使时光流驶，洗成绯红，也会在微漠的悲哀中永存微笑的和蔼的旧影……”动人是动人，好听也好听，关键是如何将内在之情感转化为理性之批判力，舍本逐末，怕是国民一向的惰性使然了。

遍观当下一幅“你方唱罢我登场”的末世景象，以及宰相秀才们“小骂大帮忙”的聪慧文章，我们不由得感叹一声，先生的称谓，仍归于鲁迅；杂文的巅峰，仍在鲁迅那不足一米六的身高下创就。

革命岁月里的遗士情怀
——由周作人散文《故乡的野菜》想起的

舒芜曾这样评价周作人："周作人的身上，就有中国新文学史和新文化运动史的一半，不了解周作人，就不可能了解一部完整的中国新文学史和新文化运动史。[1]"打开尘封的历史，尚记一百年前的周作人，作为新文化运动风口浪尖的"精神领袖"，率先气吞山河般地喊出了"人的文学"的响亮宣言，并在为新诗铺路、探索现代白话文的源头、翻译国外小说及思想著作、关注妇女儿童问题等五四启蒙实践中发挥了开风气之先的巨大指导作用，成为当之无愧的新文化运动中的一代大师。

然而，当你真正走进他用"渐近自然"（废名语）的文字所构造的散文艺术世界时，你会惊奇地发现还有一个别样的周作人真实而又鲜活地存在着。正如孙郁在谈论周作人的散文时所说："读周作人的著作，完全是另一种境地。仿佛深山幽谷里的声音，又如僧人的经白，在悠然之中，把你引向远古，引向田园，引向无欲的安谧……周作人俨然一个教士，说：太阳底下无新事，历史的昨日如此，今日如此，明日也如此……[2]"而散文《故乡的野菜》正好代表了这样一类具有"田园安谧"境地的作品。

《故乡的野菜》选自周作人的散文集《雨天的书》（北新书局 1925 年版），作品原发表于 1924 年 2 月，是周作人"平和冲淡"小品文的代表作之一。作者开篇说道："我的故乡不止一个，凡我住过的地方都是故乡。故乡对于我并没有什么特别的情分，只因钓于斯游于斯的关系，朝夕会面，遂成相识，正如乡村里的邻舍一样，虽然不是亲属，别后有时也要想念到他。”这样冲淡的语言在周作人的散文里并不稀奇，无论古代还是现代散文的构思与创作，古今的巨匠都孜孜地追求着“平平淡淡才是真，于无声处听惊雷”的至高境界，周作人也是如此。他的散文很少有剑拔弩张的句子，永远是那样的“心平气和”。然而他的平淡，却并非出自神秘的“天工”，亦是匠心独运的“人力”所为，只是技艺的高超使之不露痕迹而已。

接下来从他的妻子买菜看到荠菜，想到浙东乡间妇女小儿买菜的事情以及小孩们唱的歌，引自《西湖游览志》《清嘉录》的有关记载，又联想到鼠曲草和小孩赞美的歌辞，以至清明扫墓时所供的麻果和草饼等，在即兴闲聊中传达出一种悠游自在的恬淡趣味。这一“趣味”，表面上看是在践行着晚明公安派有关“性灵”的文学理论，即“作者应该去倾听自我的声音，从语言和行为上培养起一种闲适，仔细观察生活中的小小事物”[3]；而究其实质，我们不难看出，这一“平和冲淡”的无功利的美学创作追求是与当时时髦的革命文学宗旨背道而驰的。联系上世纪二十年代的社会历史背景，当时的文学不是被“贱卖”给了商品经济（例如畅销一时的海派文学），就是一味强调“战斗的武器”，将之作为改良社会的“宏大武器”：两者无疑都将文艺当作了为世俗所役使的工具。而于这一文坛“大气候”之下，周作人不合时宜地创作出大量诸如《故乡的野菜》的小品文来，我以为这正是他的苦心所在。这一“苦心”的具体内涵正如钱理群所言：“他拒绝了将自我崇高化、英雄化的蛊惑，只是像一个‘走了许多路程’的‘旅人’，平静地，甚至有几分淡然地，讲着自己的故事，一些‘平凡的事情和道理’。——他终于把评价留给了历史与后人，保存了一个完整的智者的自我形象。[4]”

钱理群曾对周作人所创造的散文艺术世界有过精妙的评论：“他常常以宇宙万物、异邦、古人为友，看似显示了他胸襟的通达与博大，但在更深层次上，却又表现了他内心的寂寞。因此他在落笔的时候更多的是在排遣内心的寂寞。[5]”而在这一寂寞内心的驱使之下，直到上世纪三四十年代，无论外在的时代风云如何剧烈变幻，周作人的散文艺术世界却仍旧沉湎于对“草木虫鱼”的自伤自怜之中不可自拔,渐渐变得“只见苍蝇,不见宇宙”(《知堂文集·苍蝇》)。于周作人散文创作的这一心路旅程之中，我们分明可感觉到他那革命岁月里的遗士情怀，以及“苦雨斋”里风月书桌之外的风云之色。

参考文献：

[1] 舒芜：《周作人的是非功过（增订本）》，辽宁教育出版社 2000 年版。

[2] 孙郁：《鲁迅与周作人》，辽宁人民出版社 2007 年版。

[3] 顾彬著，范劲等译:《二十世纪中国文学史》，华东师范大学出版社 2008 年版。

[4] 钱理群：《周作人传》，北京少年儿童出版社 2005 年版。

[5] 钱理群：《中国现当代文学名著导读》，北京大学出版社 2004 年版。

世故老人周作人

我手头上一本十月文艺出版社刚发行的《知堂文集》，版本经由止庵先生仔细校订过。这薄薄的一本《知堂文集》,既然由周作人亲自删选而得，选入的作品无疑都是他的得意之作。而我以为,这薄薄的一本《知堂文集》,若就思想力而言，前后部分竟有天壤的差别：后面那些“花鸟鱼虫”类的琐碎闲话，始终不能令我提起一丝的精神来。

也许是因为我火辣的性情不习惯他摆弄的那些“小故事大道理”，也许是随着时代的消长作人先生在乱世之中从“忍不过”自渡到了“忍得过”。总而言之，作为凡夫俗子的后生小子，我对他思想力的日渐消退，以致趋于无感到颇为不满，更多的大概也只是不愿给予他了解之后的过多同情。

在自序中他这样的一句话始终让我回味，“求知的心既然不很深，不能成为一个学者，而求道的心更是浅，不配变做一个信徒”，他对自己的定位和判断异常精准：求知的路途既然太苦，遗留着士大夫气质的他自然难堪长途的跋涉；求道的路途常是不得自由，从小厌弃二十四史而喜好在稗官野史里翻滚的他，绝不舍得为了民族的自由（对此他经常抱有一种怀疑的态度）去放弃掉自己的自由。他也绝非一个不慕名利的“世外高人”，在《知堂说》一文中他提及“知堂”的来由，除了孔子荀子关于“知”的名言警句外,还有着杨伯起“不受暮夜赠金”的千秋高节。他将自己的“知堂”看作是从杨伯起的“旧知堂”发端而来，“新知堂”实则是“新时代”潮流之中的“旧知堂”。

除了爱惜“旧知堂”的名节（于“名节”一事上，他看似聪明，实则糊涂），他生活的另一雅趣便是“养生”。在《沉默》一文中，他对“沉默的好处”进行了条分缕析，并未含有半点反讽揶揄的微词。“沉默的第一好处是省力，多说话伤气，多写字伤神……沉默的第二好处是省事，‘口是祸门’，沉默至少是不会增添误会……”仅此几句，他“世故老人”的姿态便分明可见。他在《上下身》一文中曾举过这样一个“幽默闲适”的例子，“百余年前日本有一个艺术家是精通茶道的，有一回去旅行，每到驿站必取出茶具，悠然地点起茶来自喝。有人规劝他说，行旅中何必如此，他答得好：‘行旅中难道不是生活么。’这样想的人才真能尊重并享乐他的生活”，他虽然一生都在叫“苦”，“苦茶”、“苦雨”、“苦住”，但从他的种种文字来看，他纯然是一个十分善于“苦中作乐”的“世故老人”，不仅带有祛不掉也不愿祛掉的遗老气息，而且还充溢着颓气十足的小资情调。

在生活艺术上如此，在政治主张上亦是如此。他“消极无为”的政治主张弥散着一股浓郁的虚无主义气息。他一再引用《旧约·传道书》中的那句经典语录，“已有的事后必再有，已行的事后必再行。日光之下并无新事”，他在稗官野史里翻滚着度过他的童年，看到的无疑也是“两行字的夹缝中间爬着”的“群鬼”。他不愿意像周树人那样去用“绝望”反抗“绝望”，他觉得那样不休的“思想斗争”实在太苦，他更愿意“留得三四癞疮，时呼热汤关门澡之，亦是不亦快哉之一也”（《伟大的捕风》）。他的这一“虚无主义”的政治主张，在一个弥漫着老大帝国阴影的亟须改制的时代洪流中，无疑有着“复古主义”反动倾向；尽管这一“反动”立场可能是源于他潜意识里的“不自觉”，但毕竟是充当了为部分恶势力推波助澜的舆论帮凶。比如在《北沟沿通信》这一长文中，他旗帜鲜明地对妇女参政以及群众的反暴行运动进行了近乎无聊的污蔑，“我不很赞成女子参政运动，我觉得这只在有些宪政国里可以号召，即使成就也没有多大意思，若在中国无非养成多少女政客女猪仔罢了”，“我是不相信群众的，群众就只是暴君与顺民的平均罢了，然而因此凡以群众为根据的一切主义与运动我也就不能不否认——这不必是反对，只是不能承认他是可能”。如果这些文字不是真切地收在《知堂文集》里，我们必定以为是出自哪帮御用的文人清客们之手呢！

至于他抗战时的变节，因为有了以上的一些铺垫与剖析，我倒觉得不仅不稀奇，而且似乎有着必然的迹象。他的这一行为自然也为研究界的学者们提供了不尽的猜想及“索隐”，有人说他的人文主义关怀使得他不囿于民族的界限，有人说他在日本的生活经历促使他对日军的侵略暴行颇为麻木，有人说他的变节是“好事”，因为变节后的他没有做多少危害抗战的坏事（如果由其他的人来担任这一伪职，负面影响一定更大）……而在我看来，这些堂而皇之的说法都有着“隔靴搔痒”的莫大嫌疑，第一种说法把周作人想得太过天真和理想化，世故的他绝不会迂腐到在日军的屠刀面前幻想什么人道主义；第二种说辞只要通过稍稍的对比便可以立即推倒，近代以来留日的志士不计其数（如章士钊、陈独秀、李大钊、李达、董必武等等），可担任过日军伪职的却寥寥可数；第三种假想更是无稽，将“变节是既成的客观事实”这一前提悄然掩盖，用一个虚拟的“负面影响”来试图对其进行量化，殊不知周作人可是在“五四”新文化时期就叱咤风云的“革命老将”，他的渊博学识与文化威望令文化界诸多巨星都难以匹敌……我们虽然可以哀其“文人落水”之不幸遭际，但难道不该对他作为一个中国人投敌异邦侵略者表示最基本的愤怒吗？

我们习惯了“总而言之”式地去怪那个“不正常的时代”，习惯了对袁世凯汪精卫胡兰成的“了解之同情”，同时也自然养成了“让该过去的历史全都过去”的慷慨大度之风。然而，每当我面对着整部血淋淋的写满“吃人”二字的王朝历史，却始终欲哭无泪、欲祭无碑之时，我都会想起鲁迅先生临终前的那句遗嘱：“让他们怨恨去，我也一个都不宽恕。”是的，面对着始终“沉默”着的世故老人周作人，我始终无法迫使自己去宽恕这位鲁迅先生的胞弟！

世上何人解怜才
——浅谈老大徒伤悲的蒲松龄

“天下熙熙，皆为利来；天下攘攘，皆为利往”，此四语可道破今古之人情交往的共通实质。别以为只是近三十年来的人们才喜欢追名逐利，古时打扮得高巾峨冠的，也大多是名利场中出入的人物。无论古时今世，人这一辈子，自打出生便离不了一个“钱”字，是故鲁迅的日记，多半是在记账，此一细节，足见先生务实坦荡的为人态度，不似胡适之日记中的“少年得志”，也不似蒋委员长日记中的“正心诚意”。

我借这个引子，要说的人物是清初的蒲松龄先生。蒲松龄的生平自不待详，有百度百科的内容在。我着重要提及的，是他一辈子的穷困潦倒。晚年他存有诗作，“与君共洒穷途泪，世上何人解怜才”，“自分穷愁惟我甚，何期憔悴与君同”……说来说去，离不了一个“穷”字。昨日看了梁文道主持的一个八分钟的节目，他在里面介绍叶嘉莹先生的杜甫诗词研究，提及看一个人的伟岸与否，主要是在患难之时。可我要说，伟岸只可能一时伟岸，面对嗷嗷待哺的妻小与高堂，多数情况下还是洒泪的多。

古时的这一“穷”字，在今日也用，但存在古今的异义。古时之“穷”，在于事业的困顿，自己的志向施展不开，请缨无路，报国无门，郁郁不得志，这便是“穷”。今日之“穷”，大抵是古时之“贫”义。《庄子·山木》一篇中，南华真人面对倨傲的梁惠王笑他贫困落魄的场景，高声疾呼，“贫也，非惫也”。我不过是没有钱罢了，我唯一缺少的也不过是这肮脏的钱财。

再回归到蒲松龄先生，三番五次自嘲穷困潦，却并非是像袁枚那样，希望借助字画文墨乞食于达官贵人。蒲松龄的夫子自道，完全出自对于困窘事实的心灵排解。

自打蒲松龄六十三岁那年乡试败北后，它所剩的零星希望皆翻作了泡影。“三年复三年，所望尽虚悬”，“回想三年前，含涕犹在目”……这些诗句真是由血泪和成。《儒林外史》中的范进，中举时已是五十，较之文学作品中的范进，连乡试都未中的蒲松龄，真可谓是名副其实的“老大徒伤悲”了。关于为何未考上，山东大学马瑞芳教授似有讲解，说是由于第一次考试旗开得胜时主考官另类眼光的误导，在此仅存一说。

但很为奇怪的是，蒲松龄的众多好友，一直坚持认为是由于他写作了《聊斋志异》，所以才导致他屡考屡败北的。他的挚友张笃庆在赠诗中写道，“此后还期俱努力，聊斋且莫竞谈空……咫尺聊斋人不见，蹉跎老大负平生”，之所以用“负平生”三字，也代表了友人对蒲松龄才学的肯定，以及对于他夺取功名的期许。可正是在这首诗中，我们分明见到友人对他写作《聊斋》的曲折批评，“聊斋且莫竞谈空”似乎已是出于义愤了。更令人感到悲哀的是，一个世纪之后，作为《四库全书》总编纂的纪昀，对蒲松龄给出了这样不公的评价，“《聊斋志异》盛行一时，然才子之笔，非著书者之笔也”，这里牵涉到的问题是小说在传统中国的文化地位问题。

在古代中国，小说向来是不登大雅之堂的。尽管文人墨客私下里都雅好雪夜灯下读禁书，但如果出现的是正式场合，大家便很有默契地绝口不提。据说一位大臣因为在奏折中明显用了《三国演义》的话语，被皇帝发现，立即进行了惩罚。这从反面也见出地位低下的小说，同样也是皇帝枕边的私货。谈《红楼梦》，大家都去茶馆，便衣便帽，才能够敞开心扉无拘无束，倘若身处朝堂，利用《红楼梦》搞影射政治，那就可能会血雨腥风，不见得好玩了。

小说的地位打个不恰当的比方，就如同爱妾或者妓女的地位，虽然可亲可爱，但不能够封诰命，否则便有伤风化。正如俞樾在贬斥《聊斋志异》

时所言，“大旨要归于醇正，欲使人知所劝惩，是非不谬于圣人”，以治经学的指导思想来看待小说家言，自然有着南辕北辙的话语预期。既然如此，《聊斋志异》在蒲松龄生前，从未被世人真正重视，也是情理之中的事情。我有时这样猜想，倘若蒲松龄顺利考上了举人，那么世人对其《聊斋志异》的评价又该如何呢？有功名在身，自然爱屋及乌，《聊斋志异》的阅读，在蒲松龄生前或许就会火爆起来。可转头又思量，倘若蒲松龄真正中了举做了官，他还有心思去写作《聊斋志异》吗？他应该去翰林院当编修了。

唯有在那“青林黑塞”之间，蒲松龄为了排遣内中的郁结，才会混淆人鬼世界，想象那种“倏然而来，飘然而去”的浪漫艳遇。也唯有在现实世界中看到人性的虚伪与丑陋，在自己怀才不遇之时窥探到世人的真面目，才能够在虚拟的艺术世界之中，驰骋开思维的自由野马，放飞出想象的炫丽云霞，才能够刻画出一个又一个可亲可爱可悲可叹的狐妖鬼狐，一如婴宁那天真浪漫的笑，划过苍茫历史的天际，永久地留存于世人心间。

浅谈诗歌公共性与私密性的双重悖论

（应《城市诗人》的约稿）

诗歌，自古而今，兼具载道的公共性与言志（或曰缘情）的私密性。以体制来划分，前者多为体制内的诗歌，譬如杜甫、白居易等人的现实主义诗作，其价值在于批判性，此一渊源可以追溯至“诗可以怨”的诗经传统；而后者多为体制外的诗歌，譬如李白、袁枚、纳兰性德等人的唯美风格，其价值暗合于西方“为艺术而艺术”的现代风格，可贵之处在于其独立之精神、自由之思想。可细细探究，也不尽如此。譬如晏殊父子，以及后世的纳兰性德，身处于体制的荫庇之下，然观其诗歌特别是词作，却颇近乎江湖闲散之人的淡淡哀愁以及风格上的洒脱飘逸。可见，诗歌创作的体制不体制是根据其文而定，而非其人之身份地位来抉择站队。

有人言，诗歌应当脱离体制而独立，也对也不对。诗歌创作在其价值上应当脱离利禄之引诱，自是常情，一如铁舞老师所言，“应当普及批判性思维”；然而我们也必须看到，体制本身无所谓好坏，运用之妙，实则在乎其心。玄奘法师九九八十一难，取回真经之后，依旧是靠着体制的力量，在唐太宗的支持下在长安大慈恩寺设译经场，才能得以与弟子专心翻译所带回的佛典（共译出佛典 75 部，1355 卷）。倘若体制不提供最为基本的衣食保障，以及前人众多作品之学习借鉴，那么单靠自己力量赤手空拳，凭借一时之灵感创作一两篇诗歌倒有可能，但从根本上提升境界进行持久探究与追寻，则必然会陷入“巧妇难为无米之炊”的境地。设想一位极有天赋的青年诗人，整日里为小孩的奶粉父母的医药费而奔波劳累，那么他的那点诗心诗才，恐怕如心灵之微光一闪而过，最终泯然众人矣。

其次，体制也在某种程度上提供了我们所应当批判的素材与对象，亦即铁舞老师所言，“信息与事实的资源”。唐代新乐府运动发起人白居易在《与元九书》中说:“自登朝来，年齿渐长，阅事渐多，每与人言，多询时务，每读书史，多求理道，始知文章合为时而著，歌诗合为事而作。”今人但知提取最后两句作为名人名言，却不知道前面的背景才是后面这两句名言的源起。“自登朝来，年齿渐长，阅事渐多，每与人言，多询时务，每读书史，多求理道”，这便是白居易身处体制之内，能够世事洞明、人情练达之后，悟出作诗为文的真道理之由来。

至于“半体制写作”的问题,追溯中国传统创作经验,我们会发现,在《诗经》的创作与采集过程之中,便已较为妥善地处理好了此一问题的存在。《诗经》创作中以《国风》为代表的相当一部分内容，便是采摘自民间的歌谣，也就是说在内容的取材上是充分自由的原则，经过采诗官之手，根据“乐而不淫哀而不伤”的原则，在采摘的几千首诗歌之中，进行了目的为有助风俗教化的删减与整合。那么，我们便可以说，“半体制写作”在这里已经达到了较好的融合，整部《诗经》既非出于官方御用文人之手，也保存有诸如《硕鼠》之类的批判性文字，是史官直录之笔的反映，亦是先民诗歌写作公共性的一大表征。我们身处于此一后现代的娱乐时代，虽然应当不逆于诗歌自由创作之发展大潮，但也不妨对于传统诗教的衍变“遥体人情，悬想事势，设身局中，潜心腔内，忖之度之，以揣以摩”，如此我们便能以古为新，更好地处理诸如诗歌创作中公共性与半体制之类的永久话题。

缘一室学术札记

1. 读尼采《人性的，太人性的》（全集第 2 卷，中国人民大学出版社 2011 年版）札言（2013.7.23）：尼采不是为“杀死上帝”，而是上帝太过强大，阻止了人们“从自身中恢复过来”。所以尼采造出“自由精灵”来，为的是翻转一切的价值。在此过程之中，献身于冒险便是追寻人之为人的必要付出，亦即“自由精灵”的“大师级特权”。在冒险与奋战之后，人类得以进一步的康复，而这一康复的表现便是“再次接近人生”。何为“再次”？因为人之童年本色自然，因了上帝之虚伪而加以遮掩覆盖。而今回归于你只服从于“你应该”，自我由理智来控制。在第十三页尼采谈论的是“哲学家的遗传缺陷”，里面的核心点是哲学家缺乏历史感。人并非永恒之物，将人视之为永恒的真实无疑为虚妄。这让我想起鲁迅先生关于“历史的中间物”的表述，这大抵也是萌芽于此。再联系我所深感兴趣的新儒家，无论是熊十力的“天上地下，唯我独尊”，还是牟宗三对历史学家“只记得历史，不懂得历史”的批判，还是冯友兰将“哲学史家”视为第二位的做法，都表明了他们自孟子以来一脉相承的那种以道统自居的挺拔之傲气，这是尼采竭力反对之所在，人的自我膨胀亦需节制。在第十五页尼采谈到“梦的误会”。尼采将形而上学的源泉归之为梦中第二真实世界的产生。古人之所以不死，是因为他有机会出现于生者的梦里。这里涉及到对于神的信仰。我以为中国传统里关于梦的思考大多带有艺术性，而尼采这里谈到的“梦”其实可以用中国的“道德追思”来替代。开封府门前碑刻上包公的名字被后人摸平，正是这一“道德追思”。中国此一独特崇尚，其实是与第二世界的“梦”的相通，都是大地的哲学。“慎终追远”，这里的“终”和“远”，便是对那样一个真实的第二世界的向往。尼采之哲学，名曰超人之哲学，实则大地之哲学。他不就神而言，仅就人而言。人要超越，这是他哲学的核心。但不是超越到天上去，而是在自我内心深处超越。所谓“冲创意志”，完全是就自我而言。自我向上冲，乃是升华的作用。不是一个胡乱一气地开垦生命，而是就着善的路径高歌猛进。尼采曰，“理智的混乱便是上帝之道”，这便是“上帝死了”之义。关键不在于上帝存在与否，而在于理智是否能够凭借“冲创意志”而得以实现其价值。尼采又曰，“上帝是人类的作品”，这便是大地哲学之又一注脚。

2. 读培根的《新工具》，感情似乎要凝固起来。一如杜丽娘老师讲经，不过是依照注解一条一条往下过。但此一冷静客观之治学态度，不偏不倚之价值判断，平剖古今之历史眼光，实在值得太过感情用事的中国人多多仿效。有人讲，“行到水穷处，坐看云起时”，那不是深邃之冷静吗？对的，那是冷静，但那是诗意人文之冷静，不是客观理性之冷静。譬如，“人所能做的一切只是把一些自然物体加以分合”，“凡在思辨中为原因者在动作中则为法则”，这一理性精神是对人类自我膨胀意识之强力限制，是培育思考力之正道。

3. 认识论上来讲，先秦诸子当中，还是后期墨家可靠一些。老子的认知只是个“道”，除了那个至高无上的道之外，别无他物；庄子的认知却进一步，一切都是相对，于是遁入虚无之中：老子的“无”是道，是历史的；庄子的“无”是泯是非，是哲学的，或者说是玄学的。孔子要先正名，墨子要先正实，两者不可谓之殊途同归。孔子的名是对上，墨子的名也是对上而言。荀孟虽好，却总要个圣人作为形上的理念悬置；墨子虽实在，可流于感性论及经验主义。唯有墨家的后期学徒，三表及名实合为诸概念的分剖，实乃近代科学之先兆也！

4. 读康德的纯批，一页就是一页的质量。只有经历过滥读书的过程，才能够悔悟到回归德国哲学以及先秦诸子的重大意义，这一重大意义怎么评价也不会太高。这些真实的经典难懂吗？肯定是难的，但也绝非一点都不懂。但只要懂一点儿，就比你那些道听途说的学问要高明多少倍。我有个深切的感受，就是你如果没有专研原典的功夫，那么你的意见将永远只是别人意见的复制而已。那么你看书的时候，这个也有道理，那个也有道理，就是自己没有了道理。这便是“判断力”的问题，你不读难啃的经典，就丧失自我的判断力。研读文史哲，首要的是啃大家。康德是最为纯粹的理性启蒙者，一辈子都搭在哲学里面了，所以至高至纯；朱子是中国学术的集大成者，孔子单从学问上讲，自然不及后来者的视野眼力。所以我们先看康德朱熹，就把握住了思想史上最为核心的人物，高屋建瓴，一泻千里，才可能真正去挥斥方遒。

5. 读培根《新工具》记录：逻辑分普通逻辑与工具论两大类，工具论不是培根的那个工具论，而是说不同学科自身的方法论。而普通逻辑又细分为纯粹的与经验的（主要是逻辑的应用）。这是思辨的工具。至于思辨的内容，主要是以自然史与博物学为知识运用的前提。……实验的精确性要强于任何的观察，实验的目的是定向的，在此过程之中培根最为创意的便是“排除”二字，其实质是针对自然的强力拷问，此一过程便是主体的主动性的生发过程。任何观察都有偏见，排除主要是为排除偏见，包括之前的所谓三段论式固化思维方式。idol 除偶像义外，还有幻相之义。初始义是影像。先天幻相是不可修正的，比如筷子插入水中，你知道它是不弯的，但看到的事实却是弯的，所以幻相的最初义也与光线相关。所谓四大幻相都与自己的心智相关，其中只有种族幻相是先天的，洞穴幻相介于先天与后天之间。市场幻相是针对名不能正确表达事物规律的现象，剧场幻相是针对缺失怀疑精神的教主崇拜。用孔子的四绝来套用，种族幻相是根深蒂固的“我”，洞穴幻相是自我执念的“固”，市场幻相是不能名实相结合的“意”，剧场幻相是沿袭权威的“必”。

6. 中国人历来的心理特色，叫作“将心比心”。只有将心比心，方可无愧于心，这便是东方的“道德”、西方的“移情”。但凡不在崇高无私的领域范围内，大家所遵循的都是“主观为自己”，这是第一层境界；在“主观为自己”的同时，若也能“客观为他人”，那便是向上的第二层境界，事实上，此一境界之内，为他人愈多，为自己也就愈多。我以倾心荀子的思想正告世人，“主观为他人，客观为他人”的第四层境界比陶渊明的世外桃源还要乌托邦。“主观为他人，客观为自己”的第三层，便是圣人的境地。“涂之人可以为禹”，大街小巷都是圣人，这不是句自欺的空口白话，而是诠释人之真性自当如此，人性之辉光原有无限之向上可能。

7. 回忆华师大哲学课程，杨国荣与郁振华教授的课堂值得一听：杨国荣老爷子一出场，便见出君子的“弱德之美”，仪表堂堂，衣冠楚楚；关门开窗，巡视八方；扩音在身，声细如丝。哲学所的十位同学只来了六位，还是在我的极力邀约之下。一开讲，我便后悔没有坐到第一排最敞亮的地方。竖直了耳朵听过去，条理自分明。听课听的是知识，更是思路，思路决定知识的组合。知识组合的优劣，便是判断思想质地的一大标准。郁振华教授讲授西哲，亦是温文尔雅。多从英文词源发端，弄得我辈一头雾水。整个中世纪只是蜻蜓点水，恍若尧舜之道，未尝一日行于天地间。然斩获颇多之处，乃是专题研讨上基督教对于“上帝存在”之具体论证，大前提与小前提，如何进行逻辑上的关联；而于经验现象之上，五大命题如何贯通，进而如盘蛇环绕般首尾相扣。西哲终究是不懂，也终究是难懂。然而不通西哲，又何以练就鉴别的火眼，深入中哲的学习呢？如若久久不得深入，又何以体察中西之汇通，进而发出行内人的真实声音？我观杨国荣与郁振华教授，皆是在中西哲学的汇通之下养就了自身的博雅品性，天然发散出哲人的脱俗气。这样的气质不同于痴傻的落魄书生，而是在变换气质之间又能够出乎其外，以自己的学识融入受用的身心。

8. 人皆有阴阳二面。道学先生如二程朱熹者，乍一看，正襟危坐，不怒而威。可你要是翻开他们的诗集，便可领略到他们的可爱之处，并不亚于明月饮酒的小苏先生，以及那心系沈园的放翁居士。同理可知，看似书袋的青年学究老年学究们，其殚精竭虑孜孜不倦于高头典籍里，亦是别有一番洞天埋藏于古今神交之间。他们的精力完全献于读书教书与著述，此外的一些俗情俗事自然不能全通，这是他们的失意之处，并不以为耻；如若以为得意的地方不如了人,对于读书之“士”而言,那才是真正的罪过了。所以我们要公允地评价一个人，特别是书痴一般的人物，我们一定要深入他们所读的书籍之中去见识一番，或者读读他们的笔记心得，如若做到这样，我们不定会增进对于他们这一可掬憨态的深深敬畏。

9. 刘邦之《大风歌》，雄浑千古。愚以为孟夫子之以意逆志说，未能包概万有。汉王之《大风歌》，吟于击杀淮南王英布起兵反叛之时（前 196 年），是在灭掉昔日之手足后凯旋而作。“大风起兮云飞扬”一句，唐李善注曰：“风起云飞，以喻群雄竞逐，而天下乱也。”章培恒先生据《文选》之别本，以为“雄”字亦为“凶”字，存两种见地。窃以为，作《大风歌》之时乃汉初也,绝非秦末年间。诗句间吞吐捭阖之帝王气,实非一日而蹴就。此气也，印于“大风”、“飞扬”之内，印于“安得”、“四方”之内，岂是引车地痞之少时刘邦所能为作？一曲《大风歌》，道尽马上治天才之大不易。马上得天下，有赖群雄；马上治天下，不可赖群雄。因为马上治天下之时，“群雄”已成“群凶”，渐趋尾大不掉之掣肘势。世人皆道秦皇汉武之凶虐，唐宗宋祖之残杀，孰人知晓帝王家心头之难言之隐？“民主”固然好听，上古三代，尧舜之禅让尚有胁逼之嫌，何论下世耶？然刘邦之《大风歌》所以千古者，非是中年刘邦之人生转迹，非是击杀功臣之慷慨激昂，非是文辞之雄视千秋。愚以为，其间有二值得关注。一为具体背景之淡化，个体情感之升华。此愚所谓与孟夫子论文之悖处。如若久久搁于与淮南王英布之具象厮杀，此诗何得千古也？凡诗人之作，不可执于现存实景，当下之“真实”不过瞬息，艺术之真实乃有千秋之魅力。是故马迁以《史记》传，非独史家家世故，必佐之以文学家之资力。二为忧患意识。“忧患意识”四字实为我中华民族最具悲凉色彩之特性。纵观各大种群之起源，神圣罗马有基督庇佑，西亚战地有阿拉护法，南亚陀罗有释迦普渡，唯吾五千年来古国，将现世与来世融而为一，或曰中国之理性精神，或曰中国之人文传统，愚以为此二说皆若隔靴搔痒。将今生果报与来世合二为一，起自周公治礼，定于夫子删经。“思无邪”之外，或存来世之福音，或存超脱之迷信,一概视之为“怪力乱神”,一统无存。自兹始,吾国五千年之中土劳民，进无突破专制周期律之苦口良方，退无彼岸世界之心灵自欺自慰。唯有无尽无止之昼夜劳作，唯有无爱无恨之麻木面容，终至于酱缸，终至于死水，终至于吃人之循环。故身处华夏土地之任一同胞子弟，上至身披逆鳞之君王，下至沿街托钵之乞儿，无一日不存忧患，无一地不存忧患：思量上老下小，思量天地君师，思量风调雨顺，思量他人地狱，思量生老病死，思量全身避祸……印度梵人，因其彼岸之期许，视生死而为一，正如庄子所言，“生如附赘悬疣，死如决疴溃痈”，吾华夏之民却不然，“留得青山在，不怕没柴烧”，“好死不如赖活着”，正因了前方“路漫漫其修远兮”，还有待“天将降大任于斯人也”……此一忧患意识,诚不知福耶祸耶？汉王《大风歌》之“安得猛士兮守四方”，亦可作如是观。

10. 闲日里翻阅唐君毅先生《我所感之人生问题》一文（收于《唐君毅新儒学论集》，南京大学出版社 2008 年版）中有几句感慨，“过去无量世，未有与我处同一境遇之我；未来无量世，亦未必有与我处同一境遇之我。我之一生，亦绝对孤独寂寞之一生也”。庶几可作陈诗注脚。出乎其外者，古人陈子昂，近人唐君毅，何以能汇通千古于一瞬，相视一笑，莫逆于心？无有此“绝对孤独寂寞”之生命本体，怕是二人之精神哲思永不得往来往复了。“绝对孤独寂寞”之一生，出世者如渊明摩诘和靖船山大抵如此，千千万万之入世者何尝不也如此？忆及自己一年前看过的一部电视剧《雍正王朝》（焦晃版，44 集），其间最发人深省的我以为是康熙帝托许雍正的“孤臣”二字。只有做得“孤臣”,才能担得起天下。因为“孤”，所以无有世俗人情的束缚；因为“孤”，才能毅然决然下得去手；因为“孤”，才可无惧于朋党的“清议”；因为“孤”，才能永葆心中的那股浩然之气。

梁漱溟如是，马寅初亦如是。“孤”本身没有什么错，使“孤”变成错的是你那颗害怕“孤”的心。又想起一首老歌——《绝望》，这首歌听来听去，还是王杰王韵婵两人唱得有味道。人在孤寂之时需要听这样的歌，但难保听完之后会变得更加孤寂，有时甚至觉得，人把孤寂情绪有意识地勾起来之后，内心也就不那么“辗转反侧难入眠”了。自欺也好，自慰也罢，永远留存有那么几首能够释放自己情感的歌曲，也就足够应付这无明之孤寂了。“前水复后水，古今相续流，今人非旧人，年年桥上游”。我们注定深味这荒原野草的孤独，这一望无垠的永久寂寥。末法时代可怖地来临，一切都将是狂欢后的灰烬。圣贤的信仰终是无力回天，孔夫子的徒子徒孙们这般健忘无情。“这个世界还会好吗”，这一声苍凉的追问透着几许彻骨的寒意；“没有中国人的气味了”，梁漱溟老先生的感喟大抵于我心有戚戚。昔时人已没，今日水犹寒。

11. 近迷文典，好究竟词意。训诂文辞之外，亦好发微联思，俗语称之为“跑野马”。愚尝观袁行霈教授之忆记林庚先生讲授，野马也，尘埃也，不知离题几千里也；又闻得周作人曾有“以不切题为切题”之作文训法。于是欣欣然自喜，以为思维野马之御风驰骋，确乎别有不足为外人道之洞天府地。首篇释“一日不见如三秋兮”，典出《诗经·王风·采葛》，用重章叠唱之法，收化成民俗之功。窃以为香草美人之比附，其滥觞者非为《楚辞》，诗三百实为传达贤人君子幽约怨诽之思的鼻祖。又“一日不见如三秋兮”一句，非为闺房怨女之望月怀人，实为贤人君子之忧谗畏讥，详见中书君论学集《谈艺录》。次篇释“一床两好”，典出宋朝《高斋漫录》，话本体。其间“一床两好世间无，好女如何得好夫”一联，道尽世间法眼前事。每三五之夜，明月绕墙，见成双鸳鸯你侬我侬，乍看鸾鸟和鸣，实则“良莠不齐”。大抵造物无私，一物便降一物，质差均平，便是大道。又闻先祖母之言，“丑乃无价之宝，漂亮是惹祸的根苗”，即便钟馗三生三世皆为神瑛侍者，林妹妹确乎不能爱上钟馗；若是真心有情有义，上得厅堂下得厨房，林妹妹何以魂归离恨天？哥哥之“貌如妇人”，实误妹妹。三篇释“一夜夫妻百日恩”，典出关汉卿《赵盼儿风月救风尘》，剧曲体。此语出于歌妓宋引章之口，不免逼得鸨母怒发冲冠；然先斩后奏，虽鸨母牙婆，如之奈何？可见世间之男女事，失足之余，或存余庆。四篇释“一厢情愿”，又作“一相情愿”。典出《百喻经》，古代版之“阿Q自传”。众人为一愚人劝昏，公主不从，愚人以为亲自出马定能如愿。此愚人烂漫气十足，实乃“无可救药之乐天派”。人眼观人生，须具两副眼镜，一副放大人生，一副缩小人生，两副并用，冯道老于是仕四朝而悠游。迅翁之“欺与瞒”，想来历史悠久。五篇释“一笑千金少”，典出秦观之《赠汴城李师师》，律诗体。此诗首联为“远山眉黛长，细柳腰肢袅”，典型之男权话语；末联之“看罢颍川花，不似师师好”，调情之态毕现。务观母教子效习，终不知何物？最具看点的还是宋江写给李师师的那一曲《念奴娇》：

（上阕）问乾坤何处，可容狂客？借得山东烟水寨，买来凤城春色。翠袖围香，鲛绡笼玉，一笑值千金。神仙体态，薄幸如何销得。

（下阕）回想芦叶滩头，蓼花汀畔，皓月空凝碧。六六雁行连八九，只等金鸡消息。义胆包天，忠肝盖地，四海无人识。闲愁万种，醉乡一夜白头。

其间“借得”二字，见出英雄之草莽气，见出草莽之英雄气，可与“不爱江山爱美人”、“江山信美非吾土”，以及陶渊明“寓形宇内复几时，曷不委心任去留”相为训释。秀才造反，别具一番滋味，也正因此，下场更为凄迷惨烈。

12. 近观全清词，深觉仲则之文，不过笔铅之技；祖谋之词，实乃身心之寄。要言不繁复，眼冷至于心冷，笔墨以趋于无。然老杜之存诗，何以冠绝有唐一代？以心存境，万言皆史也。苦境无所往，而生其诗心，故老杜之诗苦，较之郊岛远甚！郊岛之苦，无外乎推敲之技；老杜之心，念念四海之大乘心。长恨之歌哭，何及石壕夫妇之倮？由是乃识得古诗词之真价值。

13. 莫言之魔幻乡土主义，亦有可观，然当代三十年，又何尝独存一莫言？王安忆之沪上风月，余华之微尘历史，路遥之平凡世界，回思细溯，又何尝逊色于莫言之大作？近代文学八十年间，既存大师，亦存大作；现代文学三十年间，大师既存而大作如阙；当代文学六十年间，大师已往而大作间见。余以为厚古薄今之虚妄，正与厚今薄古者同。正如所言，一代存一代之文学，文学非独古色珍籍之自醉自迷，非独蛐蛐蝈蝈之自鸣自唱，非独大烟麻草之聊以忘忧。文学是为人生，处于进行时态之间，是海德格尔所谓之存在未完成，由此言之，康乾之《石头记》后，中国文学何曾交纳白卷（李欧梵语）？净水楼台是为文学，大漠孤烟亦是为文学；温文尔雅是为文学，嬉笑怒骂亦是为文学，甚至变形变态，甚至歇斯底里，皆可作文学之大观。人心之浮固不可免，然求仁得仁，贤人君子本以向内关照为第一要务，一道是末世之狂欢，一道是严正之求索，各循其迹，毫丝不悖。倘能正道直行，则树伟与雪芹一而二、二而一矣，君子何乐而不为之？

14. 佛家的理论其实分二谛，也就是胜义谛和名言谛（也叫世俗谛），汉地受禅宗影响较大，儒家裁剪佛学入儒，偏偏只把胜义谛的部分内容裁入，缺了名言谛，因而显得迟缓疏懒。这也是唐宋以后，禅宗大成就者日渐减少的原因（当然不是禅宗本身的原因，毕竟每个时代禅宗仍有那么多大成就者，只是部分修行者的不得法造成），渐渐变成了口头禅或者枯禅。也造成了佛教在世人眼中不作为的形象。最明显的一个例子就是神秀大师和六祖慧能大师的那两首偈子，其实这两者并无矛盾，不过神秀大师所说的是修行者的境界，而慧能大师所说的是觉悟者的境界。偏偏世人只追求后者，而忽视前者，基础都没打好，就想着品尝果实，岂不是追求空中楼阁？

15. 学术共同体的建构：大家都吃这碗饭，生产机制日趋规范，规范即是雷同；知识共同体的解构：坐井观天，自说自话，小问题大深入。文献学大师著述之所以只列书目，是因为同代读书人有知识上的共识。“天不变，道亦不变”，从未想过今日之三千年剧变。是了解相关著述，还是深入这些著述，全看自家悟道的程度深浅。知识共同体已然塌陷，那么只剩下学术思维之间的相互交流，不得已才转而注重所表述内容的逻辑形式。

16. 如何将日趋碎片化的知识整合为具有原创力的思想，而不单是止步于文献的辨别与识记，考验着当下学院中人汇通之功力。在此之前，扎根于原始文献仍旧是第一要义。按照李连江的说法，他从来不觉得存在政治理论，而且不看文献。只是到写论文时需要综述，随便翻翻。任何一本书都只看导论和结尾，以及封底的推荐。他说，关键不是看作者做了什么，而是还有什么没有做。

17. 表现于外，杨过行侠之渊源，实滥觞于墨家学派。墨家的祖师爷墨子大约生活在公元前466年至公元前400年前后，应在孔子之后，孟子之前。就是这样一个连生辰都不甚明的人，世纪伟人毛泽东称他是“比孔子高明的圣人”；大作家鲁迅誉之为“中国的脊梁”；大学者胡适说“墨子是中国出现过的最伟大人物”；著名思想史学家蔡尚思说，“中国出了一个墨子，是最值得中国人骄傲的！”墨子创立的墨学在春秋战国时代曾与孔子创立的儒学并驾齐驱，是那个时代博爱众生、救世济困、制暴扶贫、道德重建的重要力量，但正如杨过的边缘人身份一样，墨家学派几千年来从未被庙堂统治者予以合法的地位认同。读《墨子》，我们会感到墨子为人一如杨过，朴实无华，本色天成。墨子的文章不像孔子那样摆圣人架势，以卫道者自居（郭靖之属）。平实与自然，是墨子为文为人的基本风格。故清代学者孙诒让作《墨子间诂》时，说他“质而不华，务申其意，而不驰骋其辞”。这又与杨过“刚毅寡言”之性格积习以及他手持的那把钝刀何其相似！墨家学派是武侠精神之主要发祥，杨过既与墨学相通，自然比郭靖更有“侠之大者”称谓之资格。

18. 研究之头脑，钻研之才能，非一字一句之严格阅读无从得来。何谓严格之阅读？曰最上等之经典文本以及最精密之研究成果。钱钟书一生稽古，非是复古，乃为上乘之研究故。佛门参禅，有温火，有烈火，温火在日用间，烈火在过关处。当下温火之士比比，独不见闭关之烈火修身，只在堂前打住，甚为可惜。

19. 息者，微力与精力之合名也。息之接续，乃言人之生生，断息之见，或恸或嗔，或喜或痴。雪芹书稿未竟，皆缘修道之人克于出，一人之息难为继，三国西游之息无尽也，故“群龙无首，利见大人”。红楼为坤卦，实无主爻，变易间文字幻化，难得滋养人生，失乾刚而气血亏，造到极处便兆亡灭，毁人亦是无倦。

20. 黑格尔曾言，“无知者是不自由的，因为和他对立的是一个陌生的世界”，这一与陌生世界的对立，便是人类与生俱来需要反抗的形上“宿命”。而“宿命”在此岸实存世界内包含有两种悲剧性的生存意义：其一，它会使人停止思考分析状况；其二，它会使人类的自由意志变成毫无价值的废物。缘分、天意、天性，莫不如此，这些字眼总能有效率地帮助人们锁住自我、逃避自由。“宿命”之论时刻告诫着我们这样的道理，生而为人，必须直面一个人生之问：人是一种盲目进化的偶然生成，还是一种朝向人、最终成为人的进程。如若是前者，那么我们总会听到并相信我们什么也做不了，一切都已经被决定。即便一群有点理想的年轻人，也同样有着这样的悲观和犹疑。往往听到有人说感觉自己要做什么事情准备得不够——例如说理论水平不够，于是就躲进书斋读死书，妄言等理论水平提高了再去做事或者再去分析事物。结果呢？很快就迷失，然后什么理想都放弃。又如常有人言，做事没有资本，我们要先积累资本，等到某个时候我们再去怎么着怎么着，但谁人不知穷和尚行万千里地、遍历江湖，而富和尚终生拼搏积累却老死一隅？前者的道路注定陷入绝望的“无物之阵”，我们应当主动地去探寻第二条路，那条朝向人、并最终成为大写人字的漫漫征途。我们渐渐地察觉到，离这个世界越近，发现自己愈是无知，前方愈远。每当快乐来临，智慧老人会告诫我们，生命不可一直在欢乐中度过；每当痛苦缠绕，冥冥中也有人一直鼓励着我们，翻过这座大山，将是我们寻找已久的“自由”家园。由此，我们必须展开一个律己极严的严肃生活，“放弃故我，重修学立身”，在“各颗心”上都严格地去要求自己：静心广读天下书，耐心以克天下难，宽心能容天下物，虚心以受天下善，平心而论天下事，忧心方识天下患，潜心以究天下理，定心而应天下变。“焚膏油以继晷，独兀兀而穷年”，非逼迫自己“止于至善”不罢休。

21. 美是无用的，但无用的不一定美。美是相对的命题，审美自然包括审丑。美的境界在中国，尤其在古典中国时期，是包含于道德价值的判断之内的，说是“包含”，实则是遮蔽，是故“美的即是善的”。但此一命题到了当下，便开始变得更为暧昧难解。

22. 新中国成立后学者著述，不宜一概否定。很多冷门学科的学问，要超过前代学者。新材料的发现，新思维的转化，都是值得关注的点。有人讲，很多学者被政治运动耽搁了。这话既对也不对，一些学者是主动拥抱政治的，譬如胡风，总觉得自己的文艺思想应当是党的文艺思想，于是上万言书。你主动去招惹政治，那当然需要冒风险。你安于学问的，事实上也能出成果，譬如钱钟书的《管锥编》，譬如梁漱溟的《人心与人生》。新中国成立后学术氛围千不好万不好，至少有一点值得肯定，研究问题没有被赤裸裸的金钱物欲所左右。新中国成立后的学术著述，政治口号夹杂其间，使我们这些“后毛泽东时代”的小辈看来，觉得如鲠在喉，痛快不起来。其实，我们完全可以换位思考问题。那些著述里口号归口号，思路归思路。

你把那些口号性的或者结论性的时髦语言拿开，仍然能够看到其行文底下隐而不发的精辟思考，最具代表性的莫过于山大高亨先生的易学研究。外行看热闹，内行看门道，一篇文章里干货多少，作者自然心知肚明，有见地兼学识的读者也能够心知肚明。如此含蓄婉约，更增添文人之一丝凄楚，但也更能透露出他们默默的坚守之风骨。

23.《散宜录》新序：小作虽陋，敝帚自珍。诗可以为史，诗可以为心。记录流年，浩叹逝川，莫过于诗。吾家之诗词，不效学人体，亦不效打油体，介乎两者之间而别致风韵，略近乡人聂绀弩之闲来韵语。或问，年未及而立，何以发诗？余人以为诗乃心语，别关年轮，耄耋之叟而未必能诗，以其无甚诗心耳。吾人身处如此之时代，进忧无门，退忧无路，惟作穷途，仰首问天。是故诗词可经由人心而通天道，以其真善美之三者合一也。

24. 今日读完胡适之的日记第八卷（安徽教育出版社版），他的那股乐观主义自由气派，到老都没有改变过。唐德刚总结得很精准，他的思想基本上在四五十年代开始就已经停滞，吃的全部是年轻时的老本。无论是整理《朱子语类》，还是从古书中去寻找“自由”的依据，还是玩笑“糯米秀才”，还是重提《红楼梦》的版本之学，抑或批判铃木大拙，抑或解释“无为”之大义，抑或证实鲁王冢，抑或质疑虚云和尚的生辰……还是依据的杜威家法，抑或乾嘉之遗毒，手段上是可靠的，因其方法的实证性，可境界未必上得去，叹叹！

25. 一个不是中文专业的孩子，是未必看得进这些书的，特别是唐君毅《中国文化之精神价值》与张岱《夜航船》，前者的古文文气并不顺畅，倒不如梁启超的文字好；后者同汉大赋一般，文辞固然美，但更多的是可做资料用。不是中文专业的，要紧的是培养兴趣，林语堂的文章有时也有些“勉强”幽默的味道，倒不如老舍、汪曾祺的来得自然；学术类文字，如大陆的钱理群、中国台湾的唐德刚、海外的黄仁宇，更有“人间情怀”在内。先有了些读书的兴趣，再看看上面列的那些书，也不会晚。

26. 现在的很多人写文章，多是一个个名词。其实汉语的核心，不在于名词，而在于动词。名词是空的，变换花样也只是一个堆砌。动词是活的，是具有深厚表现力量的。不是说不要名词，而是说要限制使用那些花哨的名词。比如说“二重证据法”，这便是一个名词，如何使用呢？需要诸多的动词作解释。而不是一个名词来套另一个名词。再拿诗词来讲，练字多是动词，不是一连串的名词。有人要反驳，“枯藤老树昏鸦，小桥流水人家……”，不是名词的妙处吗？诸君请再思，若此小令没有“夕阳西下”此四言动词词组来作接续，从而真正呈现出一幅卷轴的独特意蕴，又当如何呢？

27. 读郭沫若《历史人物》，可见郭沫若在先秦史这一块确是权威。譬如在讨论“屈原是否存在”这一问题上，胡适之简直是“笨猜谜”，死在了文字之下。都以为胡适之套用的是乾嘉学派与杜威主义的混杂，其实他哪里能够通晓朴学家法？一个“放流”就被他想当然地理解为“贬谪”，由此足以证明章太炎对他的批评并非由感性而发。他的“笨猜谜”还表现在不能理解中国文字的灵活度，比如“秦虎狼之国不可信”，郭老笑他本是常用语，你我皆可言，将之视为《楚世家》的独门语录并拿来佐证，的确迂腐至极。郭老有慧目。

28. 阅廖平之《改文从质说》一文，始觉中国古典经学家之神奇多变，令人大开耳目。“质家者何？今之泰西诸国是也。考其政治法令，其得者颇有合于《王制》、《周礼》，至其礼教风俗，多与中国如水火黑白之相反。”单看这几句，便已觉廖老夫子笔力之发挥可谓无穷！今文经学之奇思妙想，即便事实上牛头不对马嘴，价值上也有着不可抹杀的六经注我之功勋。我劝当下的思想史家，一定要深入挖掘廖平、章太炎以及熊十力的思想大义，这几位是中国传统思想世界之真实国粹，其文如此，其人亦然。望抓紧整理廖平的文字！

29. 廖平可堪一代鬼才，是巴蜀学人的巅峰之作！巴蜀之鬼诘与豪放，巴蜀之散漫与辣劲，巴蜀之油滑与不羁，在廖子学术六变之上，体现得淋漓尽致！廖平师出张之洞王闿运而不囿于张之洞王闿运，首立古今平议却又不自划藩篱，尊经却好开生面，抑史却解放子书，这一大开大合之大气魄，便是学人应有之思想境界！后之继者，唯有康有为、熊十力、牟宗三三位而已。然康有为熊十力实则是因了廖平的点拨或者《知圣篇》《辟刘篇》的启迪，才有重拨三世之立说。近世只谈康有为熊十力而避开廖平，实则是只见树木不见森林！

30. 北冥有鱼，释文“本一作溟，北海也。”其名为鲲。释鱼：“鲲，鱼子。”方以智云：“鲲本小鱼，庄子用为大鱼之名。”只此《庄子》开篇两句，我们便可知晓古之经典对于我们现在的积习有多大的影响。第一句是为通假的现象，我们以为是为了给古人一个台阶下，所以叫做“通假”，其实古代并没有严格意义上的错别字，因中国之文字的象形传统影响。第二句便涉及到了庄子的思想内核，在庄子那儿，世间的常识似乎并不存在，矛盾之物已然取缔，所以名上为小鱼的，他偏用作“大鱼”来讲，这与“天下莫大于秋毫之末，而泰山为小”一句可作互训。

31.《孔子改制考》一书读来气势磅礴！但文章宗旨其实并不复杂。“《易》之言曰：书不尽言，言不尽意。《诗》、《书》、《礼》、《乐》、《易》、《春秋》，为其书，口传七十子后学为其言。此制乎，不过其夏葛冬裘，随时救民之言而已。”此一言一出，告诉我们的是，虽然我尊崇孔子的先师地位，甚至还有意将他超度为神灵，但是“书不尽言，言不尽意”，孔子之书未必是孔子之意，唯我康素王能解孔子之意。“其夏葛冬裘，随时救民之言”，换句话来讲，就是孔子的思想性在我这儿应有选择性，是孔子来注我。

32. 读原典最能破除“常识”，增进人看待事物的思考力。譬如我们现有的一个常识，便是将汉儒的学问看作“训诂之学”，将宋儒的学问看作“义理之学”，其实两者根本就不可作如此分。汉儒清儒何尝没有自己的价值关怀隐于训释之内，而作为最大理学家的朱熹，从未对小学之功有丝毫的忽视与轻视：“汉、魏诸儒，正音读，通训诂，考制度，辨名物，其功博矣。”（《语孟集义序》）“某所解语、孟和训诂注在下面，要人精粗本末，字字为咀嚼过。某自三十岁便下工夫，到今改犹未了，不是草草看者。”（《朱子语类》卷一一六）

33. 阅王阳明《大学问》，新眼观旧书，旧书皆新书也。之前总以为宋儒不著述不过是托辞，是其好谈心性、遁入玄理的一大表征。阅此章之后，似有所悟。面对“门人有请录成书者”，王子曰：“此须诸君口口相传，若笔之于书，使人作一文字看过，无益矣。”王子以其天资之富早已察觉文字言语之不可信，一如诸多学人藏书满架，便自以为古今学识在腹，洋洋乎不可一世。每从书卷入手，总是捷径的路子，不如在自家身心上用功来得切实。书卷只是辅佐自己的修行，而不可替代修行，否则便舍本逐末，将书卷看作外物了。

34. 近几日在整理杨度的日记，粗略看了看，里面有两大块的内容，一是作诗与论诗，二是谈论春秋学。而根底所依，全系公羊学。至于日后的革命理念，以及尊经复古，也全由这早年承继的王学所影响变化。我的做法是，以杨念群点校的本子为基础，剔除日记中无关紧要的应酬之语，按照时间的脉络，把文学与经学作二分，分门别类地整理出杨度一生之思想历程。也只有先将杨度的文学与经学分开来，才能够为之后的思想流变做出一个更为合乎情理的历史还原，而不是像唐浩明写小说那样，任性发挥。杨度之学宜深思。

35. 牟宗三的学问，表面上看是古典式，其实仍是现代化（或者说西方化）了的古典。所以我有个根本的理解，就是熊十力所向往的《礼记》世界，是新中国成立后一直到改革开放之前所追求的大同世界，而牟宗三所代表的，却是改革开放之后的中国政治理想。他讲中国有治统无政统，也就是说，中国政治有“术”而无“道”，这恰能与西方之普世价值接轨起来。他讲孔子及至朱子王子，最重要的是开辟道德之形而上，这又故意抽空了儒学之社会伦理结构，所以看似讲的孔子，其实讲的是康德。熊十力与牟宗三代表的是两个时代。

36.《春秋》经乃中国政治思想之重要关节，不论古文经抑或今文经，都以其为最关键之诠释资源。语言上，第一是微言大义，第二是史家直笔，第三是一字含褒贬。《春秋》之文辞，形式上是曲的，此就素王之“素”而言；内容上是直的，此就素王之“王”而言。所谓“孔子作《春秋》而乱臣贼子惧”，惧的是直笔之内容而非曲折之修辞。然而，无有曲折之修辞，《春秋》定难全其文本生存。鲁史之言，至孔子而为经世之言，之前为“质”，而后乃“文质兼得”，孔子其功甚伟哉！就语言形式与内容之上，亦有此孔子之前孔子之后的流变。

37. 梁启超也讲好玩有趣，但唯有深入浅出方为真实味道。在学界声名赫赫，其本身便很值得怀疑了。其实中国的学问，都在做反向的学问，一定要落实到自家身心上去。如果读书之后，还是那个样，不如早点就着那个刚愎之气去赚钱，效果会好得多。雅好什么名牌书院，却无心性之学，或者将心性之学当做学科进行归类，那么我以为不是什么传统之学现代之学的问题了，其实是学不学的问题了。康德之道德律令，何尝不叫人多些反思，唯有切除自己身上那与生俱来的偏见陋习以及盲目自大，才可以进入二层之真实判断力。

38. 有人讲，中国的四大发明只是技艺，不是科学。其实，西方在古典时期的科学，也不过是技艺，美其名曰手工业。既然工业之前加个“手”，就是讲科学理论不一定能够有效指导生产，还是得大部分地靠着人们的实践经验。另一种说法是，四大发明在我国专制社会产生，所以科学与民主并不直接搭界。这论断也似是而非。因为印刷术造纸以及罗盘，都是在两宋时期有了大的突破。两宋时期的专制是最不称职的，所以夹缝之中能够出来这些发明，所以要科学的发扬，必须要在一个民主的政体之下，这应是最为基本的常识。

39. 牟宗三讲宋明理学，直接从周敦颐开始说起，这是哲学家的讲法，不是史学家的讲法。新儒家成在于此，败亦在于此。讲宋代不讲宋初三先生，不上溯韩李，直接用“运会”二字概过去，总觉得玄之又玄。牟宗三的很多讲法，实则得益于佛家，逻辑靠唯识，妙思靠禅净。我以为看新儒家的书，要对照着历史学家的书来看，方不致于偏颇或者蹈空。譬如牟宗三讲魏晋玄学，喜欢谈刘劭，这都是非正派的讲法，甚至有迷信算卦的倾向，所以要对着唐长孺先生的魏晋史研究来看，方能够补救其缺漏。哲一定要结合着史来读。

40.《世说新语·容止》：“裴令公目王安丰‘眼烂烂如岩下电。’”刘孝标注：“王戎形状短小，而目甚清炤，视日不眩。”《故事新编·奔月》：“身子是岩石一般挺立着，眼光直射，闪闪如岩下电。”鲁迅先生这话已经部分解释了“岩下电”。东晋时人用此语难道把裴楷、王戎比作后羿那般壮汉？曰：不是壮，而是精神之挺拔。“山是眉峰聚，水如眼波横”，这里的眉峰，便是“岩”之义。眉下为眸，不就是岩下水吗？任何的解释，到了宋学这儿，都好解释，尽管不一定可靠；而到了汉学那儿，极容易进入死胡同。

41.“本心至厚，便是先天功成”，又譬如“这个本体直接放在善上面，并且要引出众多的善来，那可就立不住了”。我对理学与心学的意见是，朱子是“学”，阳明是“教”，之如神道设教，是对着下层人讲的，与明代的社会转型有关；朱子之学，循着格物的功夫，自然厚实，但支离亦是难免，是故朱子亦好用《大学》来补。朱子用四书来代五经，不免有失。

附：与苏宇兄等交流理学与心学之札记

苏宇回复袁依：同意对理学心学的“学”、“教”角色的看法，我觉得五经本身便是一套“教”，撇了整套的功夫而单做要点，这只有很少数的人能够有所成就，故而直指本体的修为之道，需要限制它的发动范围和条件。

袁依回复苏宇：我倒以为四书并非要点，五经与四书有互动的内在关联，不读五经，则四书之知识背景便被搁置。更为重要的是，四书直指心性，某种意义上割裂了中国的学仕传统。五经之大义无从伸张，那么四书的外王维度无从开发，其缺失所导致的负面影响直接波及到了晚清。

苏宇回复袁依：对的，不仅如此，天人的关联、人情的充分涵养和舒展，也是在五经之中，减少了五经的协力，在宏观维度和微观维度都使得社会人心呈现一定的失衡和封闭状态。

袁依回复苏宇：四书不看集注也可以读，但五经不看集注根本无从读起。但集注太过繁复，且多门派之争，故很为苦恼。

颜峻回复袁依：集注再繁复，总比佛教好很多。

苏宇：辨明集注正误是相当困难的，我觉得最重要的是保持平常心，不刻意去寻求拗口艰涩的解释，读不懂的地方先保留，从经文本身和同时代的作品中反复对比印证求解，道路很苦，但此外难有别的办法。

袁依回复苏宇：恰是读不懂的地方争议最大，能够流传下来的注解某种意义上都能够自圆其说。我们该如何抉择呢？如若没有基本的抉择，接下来又要陷入混乱的思路。

苏宇回复袁依：回到同时代的材料堆中考究吧，如果实在分辨不出来正误，除了艰苦的考究似乎也别无他法。

42. 太虚法师有言："众生自无始以来，有二种障：一、无明障；二、烦恼障。"这一干脆利落的断语，似把世间一切悲凉皆已道尽。我的理解是，无明即是不知不识，无法经由文字而觉解人生，是故我要彻底反对老庄之"绝圣弃智"。在当下，文字是话语权的重要体现，拱手将自我的支配权让与他人，恐怕起老庄于地下也不能同意。第二是烦恼障，是有了读书识字之思考力，仍旧不能达致觉解人生的地步。这该怎么办呢？我以为要锻炼知"止"的能力。多思可以，多虑则不可，要将多思与少虑完美地打成一片。

43. 王士禛其人，颇可玩味。三代皇帝推崇之，视之为文坛宗主，犹若当代之郭沫若。可堪吊诡的是，前朝遗民亦视王为忘年之诗文知音。上不以王结交遗老为作文字狱之口实，遗老不以王官宦显达为王气节不致之诟端。王之为人，喜气洋洋，其"神韵"之说，点染盛世，是故时人袁子才小之。王之诗文，风格流派，来者不拒，是故今人钱钟书疑之。虽然，后世经由诗文而图显达者，莫不宗法王之人文。诗风上乐不淫哀不伤，以助诗教；人际上东风好西风袅，"人尽可夫"。是故钱谦益与之惺惺相惜，实则臭味相投之谓也。人与文之间，虽曰若即若离，实则貌离而神合。

44. 中西之著述，于内外面之拓展上果有不同。读西籍，常是划定范围，立下研究之定义，同时检讨前说，欲作一开拓之研究。然此一开拓，并非是以庞杂之新名词随意插入，而是经由厘清范畴，自主进行再一轮的思考。对于原生之命题，进行不服从前说基础上的头脑风暴。而中国古典学术，首先不涉及自然领域之具体问题的探讨，其次是依傍前说，着力点在于"判教"，对于同一命题之不同门派的意见进行站队。其思维是呈现出圈状循环，不向外发散,因此有一定的自闭倾向。即便创新,也要遵循“疏不破注”的大前提。

45. 当下佛教昌盛，很大一个原因是佛教解决了人死后的归宿问题。这个问题儒道都无法彻底解决，现代性也无能无力。儒家之所以盛行不起来，不仅因为它是否是“教”还在争议之中，而且还因为它自身的高不成低不就——形上之论讲不过佛教以及康德之流，现代化建设上又只能起到心灵鸡汤的辅助作用。道教因其无“判教”，面目至今模糊，且易与下层迷信相联。若儒学舍弃哲的维度，专注于文史建设，倒是其所长，但这亦非其抱负所在。在肯定现代性的基础上，可进行六经为教化的建设，但又与现代生活习性相悖。我以为,儒学最大优势所在,便在于这一个“学”字，这一“学”不通往西方之知识理性，而是通往中国传统道德教化之“觉”，亦即心性之学。既重知识，又不唯知识，向着开放世界进行多元开放，不语怪力乱神，但也敬天法祖，极高明而道中庸。

46. 儒家从心性及生死观上，不如佛家缜密；从知识论上，更是无法与西方哲学以及近代科学相抗衡。它建设社会，不如法家有力；淡泊名利，不如老庄自在;搞军事,不如兵家;救济百姓,甚至不如墨家心切。到了近代，更是如此。意识形态上的确“唤起工农千百万”更有宣传力，劝人行善且身体力行者，甚至不如基督教毅然决然。但是，正是由于儒家处于这一“不上不下”、“不三不四”的位置上，才更符合我们平凡的每个人的原本面目，能够确保我们不走极端，在人生路上走得更为稳健。它的道德说教，就是底层的信仰。

47. 佛教的修行中，方法多样。除双盘外，还可以通过观看太阳光消除念头，通过延长一念才灭与一念方生之间的距离，达致“止”的境界。这不是叫人真正消除念头（消除念头本身亦是一大念头），而是通过这种方式，锻炼自己修行的能力。这一能力具体表现为定力。定力不是讲定在那儿不动，而是说你做一件事时精力能够全神贯注，不要杂念丛生，结果耽误了做事的有效性。有人讲，多少老和尚盘腿盘得瘫痪，多少西藏僧人看太阳看得眼瞎，你却不知道，他们本来就不大在乎这个身体的，这便是信仰的力量之所在。

48. 愚以为，净土不过方便法门。其实佛陀的真实义，或大部存于唯识宗内。而我们自认为印度佛学与中国儒家最为相通，实则大缪！观唯识宗，与西方哲学相通之所在，实百倍于儒学。陈兵老师也坦言，很多说法不过方便法门，这个方便法门是利也是弊，劝人发菩提心是利，学理上不究竟到底是弊。究竟义与不究竟义，是唯识宗与净土宗的相异处。是故学佛之人切不可只念佛不读书，学理上跟不上去，便极容易与民间迷信混在一起，弄得自己恍兮惚兮，神魂颠倒。是故学佛应以究竟义为根本，不当整日想着死后超六界。

49. 蒋庆先生《政治儒学：当代儒学的转向、特质与发展》一书中值得商榷之处颇多，仅就自序而言，先生初言“心性儒家”亦有“经世”之内容，所谓《大学》三纲目是也。此一观点本身就不具备说服力，三纲目的进阶还是针对心性所言，与经世瓜葛不大。继而又谓，“政治儒学”之名包涵“经世儒学”，那么，依先生所言，“政治儒学”亦是包含有“心性儒学”之一大内容，岂不与先生所谓二学平行发展相悖？窃以为，“政治儒学”有引人耳目之嫌，若真要原汁原味，“经世儒学”恐怕更贴切。无须为立名目而作学问。

王晨光老先生：从《大学》产生时代考虑，《大学》主要是属于儒学内部的“明德”系统，而不是“事功”系统，且是重“教”(德)甚于重“养”(财)，然其这与宋儒的心性层面又有差别。此外，在《大学》升经之后，则势必要与汉儒的今文大义挂搭，自然中国人喜欢大圆教，故希望融合二端。蒋庆一方面沿袭了判教的传统，另一方面还想抛开史学提纯经义，再加上其公羊学的激进，就形成了这套言论。

50. 蒋庆先生《政治儒学：当代儒学的转向、特质与发展》一书中值得借鉴之处亦颇多，首先先生拿新儒家作为批判的对象，方方面面，里里外外，进行了尖锐的批判。新儒家的致命处在于开不出新外王，亦即将政治问题化为心性问题，只知宋明儒，不知董仲舒。其实，儒学几千年来不倒之究竟，还在于政治之学上。倘若无一整套的礼法制度以及文物典章，那么儒学的心性便如佛学在印度的传播，渐渐消亡尽。此外，新儒家只谈心性，也是为自家清白考虑，免得自由主义者攻击他们为专制遗毒。如何开外王，是一大课题。

51. 方克立在《现代新儒家学案》的序言之中，极力排斥康有为作为新儒学的发绪，理由是康用资产阶级思想去改造孔子，不似后来的新儒家是为“反本求真”。我的意见恰恰相反，新儒家不仅要讲康有为章太炎，而且要至少上溯到廖平先生。诸位认定熊十力是新儒家第一代的重要代言人，但如果对照他与康有为的著作，再将康有为的著作与廖平的对照，就会发现核心思想上大同小异，简言之，是要大同，不要小异。后来的牟宗三引入康德，唐君毅引入黑格尔，冯友兰引入实在主义，哪一个是真正的“反本求真”的呢?

52. 常听人教导，学问不要空，要实在才好。静言思之，学问本身就是一个“空”，可以从经验中来，但并非是经验本身。海德格尔曾言，询问在者，必然要涉及不在者的存在，它是构建形而上学的必备要素。不独认识论上，本体论之上这个“空”较之存在似乎更为重要。而价值论上言，人生之自由与解脱，也需要这一“空”的环节作为助推。现象学所言，“空”之物应当被悬置。然而“空”之物亦非不存在。佛教破执，不仅破有，而且破空，便将空的意义又推进了一步。破空之后求毕竟空，在这里便有了道之同等价值所在。

53. 徐中约的《中国近代史》最近有了大陆的新版，是重校的第六版。相比较而言，前面部分要胜于后面部分。十九章之前，可作为古代史来看，甚至可作为古代中国政治之通识教育，里面既是不偏不倚的历史论述，也是生动有趣的知识普及。十九章之后，便只可作为一家之言来对待了。至少在时效性与历史材料的充盈上，不及香港中文大学出版社的那一套国史。所用的数据，也只是截止到八十年代，如此便忽略了这最具波澜起伏的三十年改革开放与社会结构大变迁。所以看这本书，要侧重于前面内容，细细看去方可。

54. 我始终认为,《易经》与《易传》要分开讲,两者实质上关系不大。《易经》历史上推得那样高，不过占蓍之学，无关心性义理。我的这一观点一以继之，或有人拿出许多例子来，仔细推究，实在是牵强附会得多。中国哲学向无合乎情理之真实宇宙论，拿周易来套，显得笨拙，不如抽出中国之心性学问，躬行实践。周易之书，孔子孟子谈过一两次，并不多见。至于易传，多以为是战国作品，甚至有人以为是汉人之伪。我以为孔子五十不谈易，说的是敬鬼神而远之的道理。秦火所不焚，自是时人之共识，不必将之上纲上线。

附：与马杰兄交流《易经》《易传》札记

马杰：对于经传分开的观点从近代顾颉刚开始很多人都在说。我个人首先是承认易经和易传应该分开，易经本经就卦辞和爻辞的确是用于占卜的，这个没有问题。对于易传的地位首先从哲学上肯定他这个也没有问题。但是对于完全的割裂二者之间的关系的观点我个人是不赞同。理由如下：

（1）《易经》本质上包含了象数理三学。你提到的观点所谓的哲学内容或者是心性易理首先仅仅是局限在孔门易学，对于以道德经为首的强调反，阴的道家易学并未涉及。

（2）孔门易学到了后期的发展确实存在仅仅是关注去理。后世的注家从东汉焦京师徒到郑玄、王弼无不执着于易理而忽略象和数。这个问题本身和后世注家的治学传统有关系，这和《易经》本经无关。

（3）从《易经》的产生和发展上看，在伏羲时代的画卦是基于数。伴随着发展除了易经中的阴阳观念，还有以干支为代表的纪年系统和历法系统。这两块系统的科学性以及透射出商人尚鬼思想的反思对于当时的时代发展是非常重要的。而作为占卜的本经文本的存在，恰好真是这一发展过程的体现。同时你提到的敬鬼神而远之也是孔子在周公或者说周人身上继承和沿袭思想的痕迹。不知你怎么看？

袁依：我从不认为易经有所谓科学性，尽管科学性在当下也并非万能。易经的起源要涉及原始崇拜，比如用生殖崇拜来解释卦画似乎更符合其情境。我很反感当下拿《易经》说出几万个人生道理的学术超男。我以为只有去掉《易经》为群经之首的这样一个俗套，才能回复六经各自独立性的研究话语。另外，“五十不谈易”，可能本身便是对于易的存而不议，涉及价值的认可度问题。

马杰：今天我也提到生殖崇拜的问题，近代最早应该是郭沫若提出阴阳爻其实就男女性的生殖器，其理由就是阳者阳物也，阴者阴物也。

55. 魏晋之人，总有些疯疯癫癫。然一任性情，实乃其极可贵之所在，是透着真气的真人。可忧的是，此一真气容易上蹦下跳，应着气质而来，而非顺应天地。所以需要“理”来作调和，表现在外就是守礼法。今人一谈“理”，便觉得是个可怕或者无趣之物，殊不知这个“理”最为实在，没有它的存在，你的生活一天也正常不了。这亦可用“百姓日用而不知”来解释。萝卜白菜是进化史中遗留之精华，今人以之为贱物，亦是此理。

是故魏晋人虽有真气，却无真“理”，气不能归于正，于是人始终是个怪异，是非常态，不长住。

56. 牟宗三的文章，适合在心情低落或者过于拘谨之时，打开天窗，让阳光投射，大略看去，不求甚解，便觉云开雨霁；胡适之的文章，适合在为人放荡不羁之时，看看他的考据伎俩，便觉得说谎也需如法官断案，一条一条细细陈述。陈寅恪的文章，适合放在大的历史框架之下研读，可以反击当下的口述历史及其碎片化流毒；熊十力的文章，需要字字咀嚼，沉潜玩味，方可见其大气魄；冯友兰的文章，须如上堂讲授一般，放声读出来。

57. 读佛经经常读得我心花怒放，不仅文义上经虚涉旷，而且文辞上，极其优雅。建议入选中学课本，可作为文言文鉴赏材料。倘若当下翻译中国古典名著的，或者译介外国学术成果的，能够拿出几千年来那些高僧大德的翻译干劲来，孜孜以求，一字不苟，那么中华文化之输出，中国文明之宣扬，自然胜过几百所所谓的孔子学院。现在越发觉得，佛教之广大，因了信徒工作之虔诚。儒家徒则不然，走着走着就向着富贵之途奔去，说什么兼济天下，完全是一个贪慕世间富贵，把那些被贬后的牢骚诗作一看，越来越觉得虚伪做作。

58. 印度几千年来从未改变（往农村里去看看，主要是指民间的思维还是原始形态。社会结构自然有变化，但与中国比起来，简直可以说是从未改变），是所谓传统之传承；中国几千年来一直在变，是所谓传统之日新。看似同属东方民族，又因了大众对于佛教之误解（印度的佛教徒人口比例有限），是故将两大民族混为一谈，以为都是讲心性的，都是求内在世界的。进而与西方诸国进行对比。殊不知，西方诸国之间差异也不小，凡是作概论的，不是别有所图，便是傻子思维。印度求内在解脱固然不假，但中国却非如此。中国的实用理性力量惊人，否则何以三十年来从一个极端转入另一个极端却显现得如此自然？心性之学不过是针对特定人群罢了。

59. 初读唐君毅先生之著述，只觉得文辞上极为美妙。这种美妙是偏于庄正的。这种庄正又是儒家之个性所在，不独叛逆是个性，不叛逆也可以是个性。于当下过把瘾就死的娱乐时代，严肃的工作，也可以作为真实个性来看待。这种庄正，恰如《红楼梦》里面的贾元春，是《易经》的乾卦，是《春秋》的元亨利贞之气象。然而，再细看唐先生之文字行间，你会发现，里面包含着深刻的黍离之思，文字背后又是透着一股挥之不去的哀怨之气。虽然，此心安处即吾乡，但故土之思却时时如秋风秋雨般愁煞人，毕竟人终归是感性的承载体。表现在文字上，便是这样一种庄正与哀怨的阴阳糅合，尽管书中所言看似普适人生之共通道理，但结合知人论世法则细细思量，里面那样一种儒家式的乡愁情结又无时不在。这便是唐先生《人生之体验》给我的印象所在。

60. 不读古书，不知言。世间法，到底不究竟。那个究竟，是生命的最高表征。不因达不到，而自言不究竟。究竟是否能达到，是一回事；是否愿意究竟，又是一回事。老拿非学院中人来说事，其实是逃避。你能够逃学院，能否逃离人生么？人生一世，都行进于寻求究竟的路上。佛家讲得最多。儒家不讲，但做起事来，便是向着究竟走去。道家的那个坐忘心斋，不是求的究竟吗？墨子跑来跑去，激昂大义，蹈死不顾（五人墓碑分明说的是墨家精气神），为的也是自己心中的究竟。人生不求究竟，便失去了人之为人的特质。

61. 集部诗文，虽为大家，不可一日尽。何也？阅历与情境是也。譬若于右任诗文集，琳琅满目之间亦见其参差质地，情、景、志三者庞杂相生，以单一之攻书目色瞧去，尽是情思不可禁胜。首是人生吃盐不够，走路如过桥，于老东南西北皆游遍，上得天堂，下得地府，你如何有这资本去月旦？其次，读书之心境本为平和，而诗文之情感绝非平和，物不平则鸣，鸣而为诗音。此大抵少壮派之徐晋如所谓“温柔敦厚的只是诗教，而非诗自身”。故读大家诗文，宜徐而缓之，倒食甘蔗。一如学作古诗之人宜多累积笺注之掌故本事。

62. 今日记录（6.27）：古史不必考其信，但考其诚可也。

周游：依蒙文通先生的观点，三晋尚古史，除了竹书纪年，汲冢书等延续了三晋地区的记史传统外，其余的古史无非从六经中窥得，已是经学化的史学，而经学自有其本然的进路，不必疑，不必破，但以顺取的方法去体悟即可。其目的在道，虽亦存先王政典，但终究还是表达儒家的理想。真与信并非其目的。故而考其诚可也。西方史学家也很早意识到还原历史的真实其实只是一种理想。

袁依：中国治学，向存以善为真之念，较之胡适所谓一份证据一份话，高明不知几千里也。

周游：宋人疑经，其目的亦不在考信，而在立新。清人考据虽成就斐然，但黄进兴指出，其不能融贯人文领域的其他学科，终究还是存在方法论的缺失。

袁依：高明之处，未及道出，有米之炊，却不能助人神化。

周游：胡适，傅斯年拾取兰克的一衣片羽，便以为科学。在时代潮流下有其新与进步，但是忽略了中国一直以来最重视的生命的学术。我国的传统史学亦是考据与义理与词章不分的。而一概视为史料，则生命沦丧了。

袁依：由此而言，太炎先生亦存六经皆史之治学倾向，故唯知攘夷，不知尊王。

周游：太炎先生比较是古文经学殿军，其攘夷思想乃浙人习气，亦并非纯从经典中体贴出来。假使太炎非浙人，则攘夷亦未必如是之烈。实斋之所谓六经皆史，其内涵亦不可以六经皆史料言之。此其与胡，傅之大不同。

以史观之，浙人重事功，重大节。且浙土多次处于攘夷之要冲，明末浙江讲学之盛，殉国亦烈。清末亦以浙人排满最果狠。

袁依：但亦是开了先河，太炎的路子从曲园先生那儿化出，是将小学的运用范围极大化了。

周游：太炎先生自己的文集中多次流露出承接浙人的这种习气。

袁依：上推应是越王雪耻的传统？

周游：王思任曰：夫越乃报仇雪耻之乡，非藏污纳垢之地也。太炎亦受谭复堂影响，谭虽主今文，但太炎亦好言微言大义。窃以为太炎虽从曲园学小学，但二人精气大异，反与复堂为近。王汎森亦认为，当日精舍氛围比较活跃，故而思想相对自由。忘了提一句了，太炎家族就有攘夷之传统，其父亲遗言以汉人衣冠入殓。子孙不得在异族入主之朝为官。太炎先生终身有革命志气，非如鲁迅所谓“既离民众，渐入颓唐”。其晚年于无锡讲学，特表彰东林精神，并以《儒行》砥砺世人。

63. 阅《资治通鉴》数十页，周秦之间，纷纷列国，不过三世而斩。温公首立礼分，非孔子之礼乐，而君臣之礼数。诸侯独大，温公以为与天子之庇护相关。名分既定，君主需要记取凡事皆须有名目，此则中国实质之统治制度也。牟宗三言，有治道无政道，然治道必有其渊由，此一渊由吾人向不解，今不期见温公开篇立礼之义，凡诸种种，皆可自斯发端。君主行事，须言语行动间皆有成据，在先王之例下有所损益，如此上正下亦安。革命无非制度之刷新，实非制度之决裂，改革亦是如此。温公与王荆公之分歧究竟，莫过于此。

64. 由康章之学发微至儒家之真善价值的大讨论（袁依整理于 2014. 3.25）

苦茶：西来新学蜂起，糟粕《诗》、《书》，使康、章之辈，渐知事无可为，只能从事讲学，终老户牖。康有为以伪经言古文家言，是否是糟粕诗书；

章太炎以经为旧籍史书，可否算糟粕诗书。另外，此二人不是晚清引进西学最力的两人，如何又成为了经学之传人？

陈愚：康子排斥伪经，是为了弘扬真经，章子以经为史，是为了重建古史。经学在他们手上发生了变化，但都还存在。所以还可以说他们是经学之传人，不过与传统的经师已经有所不同，而且当时必须有所不同。

高语含：现代一些儒家学者对待那些似乎明显于理不合或者与己相违的儒家观点，往往喜欢找个方向把它也整合进去，要么就是斥之为“伪儒学”。这种态度，似有某种故意开脱自己，使自己纯洁化的倾向。如康有为的《伪经考》，说孔子托古改制，整个否认今文经学的绵长传统；以当时背景论，显然是有其特殊的政治目的，其论证中诸多不合理处，当时的诸多儒者都不能苟同，谓之“野狐”。如此，若将之“正名”为借时机而弘扬、阐发儒学，功劳甚大的“康子”，私以为略有不妥。

袁依：问题归结到一点，便是到底为求真还是为求善的价值？求真是学术的态度，求善是政治的追求。一介书生，用本应求真的学术作为工具，去追求自己并不擅长的政治领域的求善，自然是有很多不得已的饰伪之处。

高语含：所以你的观点是，像康有为之类，是为求儒家之善于政治，而不得已在学术上有所遮掩；因此本质上仍是儒家“善”的信仰者和实践者？

袁依：求真之缺失亦是我的观点，两者是一条线。

高语含：那现在我们的问题可以归结到：怎样才算是一个十足的儒家理想传承者？我认为按照自孔孟以降的传统，求善似乎在某种意义上比求真更重要，因此我们先不谈求真。就求善讲，这个“善”必须体现为儒家意义上的特别的善，才说明此人是儒学的继承—发扬者。所以我在此又有疑问：像黄宗羲、康有为以及以后的一些现代儒学家，他们在政治上的确求善，但这个“善”的内核似乎和儒学传统中的“善”存在差异。他们追求的善，与西方民主思想追求的善，与近现代西人所追求的政治理想不再有太明显的区别，传统儒学中曾居于关键地位的“仁义”等，味道已变；“三纲”等，俱不再提。如果说他们还是继承—发扬道统的儒者，是否与道统本身十分严格的传承性质相违背呢？

袁依：这一点上我不大认同你的说法，首先你需要回归黄宗羲他们的文本，至少三纲还在文字间处处体现。我们现在的学术著述，拔高了这些人的异端思想，降低了他们的学术意味，其实异端思想不占他们著述的主流。

高语含：这点我清楚，我更多指的是现代儒学者，他们的著述里似乎已不再明显支持在当今世界实行“三纲”之类的儒学传承了。

袁依：其次，儒家之善一以贯之，从未间断，即便是“文革”，那个大同理想也是儒家之善的化身。现代新儒家更是如此。儒家精神本身就有权变之大义在内，不能与时俱进，便不能“周虽旧邦，其命维新”了。三纲不是喊出来的，是显现于著述之实践本身。简言之，问道是永恒的追寻，了解之同情是问道之手段。检验是否儒家乃至于传统文化继承人之标准，也正在于对于道之连续性是否还有信仰般的坚守。

高语含：我觉得这个权变如果诠释过度，似乎可以说儒家往后，中国但凡有言善者，全都可以转移到儒家的观念上；这某种意义上可能抬高儒家的地位。儒家的善观念到今天，更多的是被当作一般的，世界公认的善观念在阐释；除此之外，儒学历史上赋予它的那些意义所剩不多，那应如何分辨信仰儒善与西善？你说的对，儒之“善”体现在道的连续性和对道的坚守。但这个“道”的意义，在孔子时大体取德—礼体系之发乎内在及于外在的规范性，在理学时虽仍言道，意义就转成了形而上的心性修养及其与君主制的天然相关性。“道”的意义在今天的视野下进行合理化，和之前的道之间似乎存在传承断裂，言坚守的依据在？

袁依：关键是儒家之善并非如你所言，有很多的特别之处。它化入日用常伦间，本来就是有助教化的，不是专为创立学术新说。你要将善分为西与中，本身就是落入了西化的思维。道的断裂其实还在于马恩所言之社会形态，先秦与宋儒之断裂，也有时代的缘由，譬如市民经济普及了文化，譬如外来佛教之冲击，都在时代新问题的应对之中进行的更化，而非断裂。

晚清之后，农耕文明逐渐淡出历史舞台，儒学之善于是从乡土之伦理转为道德之内在心性，这两者原来皆有，现在也都有，不过是侧重的问题。乡土中国仍旧在当下继续存在，所以儒家之善的那个伦理层面也没有彻底失去，不过是作为心性修养的建设比重更大。

吴迎龙：章子以经为史，仍然补充“贵约六经之旨而随时撰述”，康章作为晚清学人，清代考据的学术范式已经危机重重，疮痍满目。他们虽有所出离，但依然在范式之内，至胡适大纲之后，新的范式才有所建立。人大陈壁生老师所言仍是在理，康章之不同仍未是本质之不同。求真求善之前的观点未免失于简约附会，至于求真求善之辩，怎知不可等而视之？康子做伪经考改制考未必不是发自真心如此以为，至于政治上求善也未尝不是受学术态度的影响。古人德性、道问一以贯之，不当分离理解。

高语含：我个人并不愿区分中西之善，但儒家如果要坚持自己的善从道统来，那必定存在文化差异性，不然我从何判断某人的政治观是受儒家影响所致，还是受罗尔斯自由主义影响所致？同理还是要指出为什么常伦中的善有鲜明的儒家色彩，不然就算没有儒家，这个善同样可以存在并受信仰。儒家确实引导了中国人的道德思维，但我相信没有几个新儒家会乐意说儒家到今天的唯一影响就是给我们种下了“美德”这个观念的种子。那就否定了儒家的多数贡献。不断裂的也只能说是道德种子。今天我们说的道德是新社会的道德，和过去的儒家经典、儒家理论，究竟还有多大的联系？过河之后，是否要弃船？很多学者的问题在于，儒家到现在延续的是道德种子，他们却除此之外填上一些别的落后时代的东西。

高语含：学术范式的确未作大变动，但理念是否始终一致，并不好说。

袁依：儒家之善，起初在于事亲，继而向外推衍，家国一体，先家后国。善之特色，在于孝文化。如今之新道德，亦是旧道德之伸展，无论是顺的伸展，还是逆的伸展，那个影响是注于民族血脉中的。落后与先进，要看具体情境，孝顺之义用得好坏，亦是如此。

许清懿：三纲五常，为儒学基本义理。符合三纲五常，便为真儒善儒，否则便为异端。如是，康章皆为儒，而新学如胡适之流皆为异端。对三纲五常的解读可以与时俱进，但此架构决不可破。所以真儒或许可以推进君主立宪，但决不可能搞无君的民主。

高语含：一般似不认为儒家之善起于家庭，而是起于一个国—家一体，且更倾向于政治规范性的德—礼制度，之后形式、政治之“德”内面化为内心之“善”，随着社会建制的分化开始一家为基本单位。不过这个不是讨论的重点。我无论如何也不会否认融于民族血脉中的道德影响。我只是认为现代的学术最好采用文明发展的史观来考虑，儒家的道德影响会持续下去，但它过去的很多学说或许本身不足够严谨，或许不再符合我们的时代；这些不再适宜的学说构成了所谓儒家的骨架，因此我建议不再执着于是不是儒家，最好兼收并蓄地离开门户之见，广泛容纳各家学说。

吴迎龙回复许清懿：胡适在观念上其实还是内在承袭着清朝考据学的路子，其所受西洋学术的影响还只是方法上的。而且胡适在道德上仍然颇为传统，三纲五常于胡适已是无能为力的范围。况且今日不知要如何与时俱进才能让三纲在公共舆论下不成为儒学的负面影响还请兄台指教。

许清懿回复吴迎龙：本无负面影响，不需任何与时俱进，公众舆论我辈当更替之，效仿基督传教即可。胡适之过，在于不能护教。不能护教者，皆是信仰不坚定。

袁依：当下攻击儒家最凶狠的理由，莫过于苛责儒学开不出“民主”“法治”的药方。对于这一问题的论争，傅佩荣先生曾有过这样的答复，“民主与法治是人的存在所选择的合理方式，因此只要是正确洞识人的本性的学说，就不会背离这些方式。不仅如此，它还能济助民主法治之偏失”。

袁依回复许清懿：尽管“胡适一党”名义上仍是高举“接通汉学”的大旗，他们的治学究其本质而言，毕竟已经不同于“清儒家法”。无论是傅斯年的《姓名古训辩证》，还是胡适先生的《说儒》，都已经不满足于最纯粹意义上的训诂考据与“实事求是”，他们自觉地运用西化的逻辑线条来构建一个研讨经史的现代体系，他们不厌考据功夫之繁琐，为的是“拿出证据来”；同时他们更要将这些琐屑的知识碎片穿成一根线，而这根线的源头无疑是西学。

高语含：这样会把问题扩大，我暂未对此表明意见，我的批评不在于能不能开出民主观；不过事实上的确不是由它开出的，后人都是在做调和，没有西学会不会有民主我保留意见，这要分析经济政治文化的传统，不是简单分析学说那么简单。至于把儒家当宗教来传播，那就是不可原谅的谬误了。

高语含回复许清懿：我倾向所谓“西化”的观点，即至少在当前当下，民主胜于专制，民主法制胜于三纲五常，“仁义”的意义在几千年后处于经济政治格局的变化已经不断嬗变，孔孟、理学的仁义观不能适应现代社会的需求。可以当作传统进行批判性的研究和保留，但能用的恐怕只有“道德种子”了，其他的留作理论资料库。

许清懿回复高语含：是当宗教来传播，还是与西学媾和，这要看尔等是真心为了保教，还是为了取悦上层。如为保教，则必须有广泛的群众基础。传教势不可免。产生这种倾向，说到底是公自己的私欲作祟，公不是一个儒生。“适应现代化”、“迎合民主法治”，说明你就是一个现代人，被现代性异化的人与古代人的根本区别，乃是认为“社会都是在不断发展的，新的永远比旧的强”。

袁依回复高语含：牟宗三曰，由“道统”开出“政统”和“学统”，具体的方法就是通过“良知”的自我“坎陷”，以坎陷出“知性主体”和“政治主体”，也就是从“道德主体”转出“民主”与“科学”。是通过“内圣”的自我降格来实现。那么“内圣”自我降格之后究竟是个怎样的道德境界？谁又能担保“内圣”在自我降格的过程中不会发生自我的“裂变”与“异化”？即便将“内圣”的标高“坎陷”成功，那么“外王”的正面价值是否就能够自主生发，并与“民主”、“科学”形成“其乐融融”的匹配效应？

高语含回复许清懿：我难以理解为什么选择从实用角度来看似乎更有利目前和以后局势的道路，最终会被批判成“私欲”作祟。感觉朋友对儒家“万古真理”地位的认同出于信仰，而非审慎。

王晨光老先生：钱穆说学术之随世运流变。汉儒论说政治改革，全依靠阴阳五行作为招式，如议论汉是土德还是水德，实际则在讨论汉朝应该承续秦代封建制还是另创新制。这便是儒生的关怀所在。借文饰以言政治，本身就是一种修辞策略。学术归旨在于逆差其志，对于康章，也该看其根本归旨，而不要被文饰遮蔽双眼。

高语含回复许清懿：按照西方诠释学的观点，既然来到了现代世界，就不可能再返回古人原汁原味的传统了。新的时代要有新策略，是不是进步再单说，后现代主义的东西嘛。

高语含回复袁依：对牟宗三的理论我不能表示认同，但即使我们假定他是对的，这个坎陷的结果我们已经无从得知了，因为事实上我们的这些观念的确是西化后才产生的。如我之前所说，这不是一个简单的哲学问题。

高语含回复许清懿：至少目前无法适用于中国吧，如果用了肯定造成与世界脱轨，之后的影响就太巨大了。对将来，我则倾向于多元文化的对话、融合与汇通，而中学里主要起作用的会是佛道二家；你我的判断不一致，我相信我看的更准确一些。我没说它们是推出关系，我是在罗列观点。精髓在视域融合与反思建构，但不是唯文本主义。

许清懿：儒生首先应行为上自觉遵守三纲五常，遵《五经》，以《白虎通义》为大纲。今日谈什么儒宪、西儒、民主儒的，统统都是异端。美其名曰“切合国际形势”，“对吾国有利”，究其根本乃为一己私欲所驱，因西化对他们自己小资产阶级有利，所以眼睛向上看，观点自然随大流。这种对吾国底层民众缺乏悲悯，算什么儒生，有何仁爱可言？孔子开儒，本培养的是中国人扎根于内心“继承周德”的信仰，即所谓“保教”。然而对这些异端而言，只是可随意注疏的学术材料。孔子删六经，是为承先王之法，既然是经，必须先起正信再发微。如若真尊孔子为先师素王，岂有不习六经之理？谤六经而模孔言行者皆异端。同样，修佛修耶的，岂有信佛信上帝而不信经之理？白虎观会议有第一次尼西亚公会议的地位，必须重视。

冯庆：关于儒学或中国思想史上某些“定性”的问题，争来争去没有什么意思，最重要的是自己沉下心来，一字一句读原典，读着读着就明白了。基本的文献功夫做到了，说话才有分量。我自己就没有分量，怕蒙蔽前人、误导同侪，所以从来不敢随便谈中国传统学问。

赵磊：现代性分化为政治经济社会等一个个分立的领域，其实儒家的话语已经融入到学术领域和社会实践中去，比如环境保护（天人合一）、公共政策（按家庭征税）、教育（南怀瑾太湖学堂）、管理（中国式管理）、建筑（民居宅院古典园林）、政治（政治儒学、王道政治）、个人品味修养（茶道等）、行政管理（不能忽略传统宗族影响）、人生哲学（于丹）、职场（成功学），关键在于这是一种附会，还是一种真实的话语和实践力量。另外要注意的是，不同领域儒家的话语内涵都是不同的，也不可能是简单的传统的延续，更不可能整合成一个完整的当代儒家形象。西方宗教没落个人主义兴起，我们如果还要守住传统，本身就与现代性很多重合或者矛盾的地方，比如陈志武说，西方福利国家使上一辈不再担心养儿防老的问题，去除了家庭内部功利化的一面，更有利于培养家庭亲情，那么随着社会进步，新时代儒家孝道的内涵也会革新了。普利兹克奖得主王澍举李渔来说明他心目中理想的文人境界：“他和袁枚相似，敢开风气之先，甘冒流俗非议，反抗社会，但敞开胸怀拥抱生活。这类文士是真能造园的，我们今天的社会同样需要这样一种文士去和建筑活动结合。”

高语含：可以接受。我认同儒学对中国的渗透性影响，也认同其中“道德种子”第一位的重要性。我的观点实际上是，这些观念在现代的进一步发展，可以依托儒家，但如果站在“儒生”这个身份之外，同样可以处理，并且也许处理地更好。托儒家之名之所以有不足，是因为“儒家”这个学派的历史负荷太重，很难不让人联想到传统儒家的一些失败学说，事实上一些学生（如昨日一些人）也在利用这个名义想宣传某些旧学说，而这些学说就算是现代新儒家也不应该予以承认。现代受儒家影响的思想和传统儒家不能说不存在认识论断裂，而我的观点就是不必再为了认同儒家对我们的影响而在学术上继续托名儒家。

附 2012 年与友人对谈录：

2012 年对谈录

一

袁依："一寸光阴一寸金"，这样关于富贵的古话不胜枚举，看似在强调读书的重要性，实则潜藏的仍旧是一颗功名利禄之炽热心肠。世间宝贵的事物并非都要由金子来增添色彩，尤其在古代，形下世俗物欲与形上精神追求往往相悖，并且是假托圣人之言故意去相悖，这无疑是深具了一颗忧患的苦心。"一寸光阴一寸金"，这样的口吻既不源于圣人的语气，也是古代士大夫耻于脱口的说辞。这句话只能是街头巷语，用以鼓励贫寒家族的子弟发奋而图强，改变现存的卑下境遇环境，不过是句迫不得已的寒酸话，并非读书人应有的主动追寻与真实信仰。

李志春："一寸光阴一寸金"，这背后的问题是时间，而对于时间问题的理解，在古人看来是个大问题。对人生的匆匆和对生死的认识才有了古诗十九首里说的要及时行乐，要秉烛夜游，要占据有利位置等等。看似很世俗的东西，背后却有着整个人类都会有的对时间、生命的情感与思考在。所以功名的追求有形下性，但进一步要追问为什么要急于功名，就不一定形下了，有可能是形上。刘勰的《文心雕龙》，就是极力想被功名的结果。他自已都说了就想做将军战死，结果立功立德不成，只能立言了。所以写了《文心雕龙》跑去拦住沈约的车，沈约带回家一看果然写得好，他就做了萧统的东书舍人。而刘写《文心》前，在著名的和尚僧佑那整理研究佛经十年。有了这十年的磨炼，你说他怎么没静下来，还想立功立言？这其中我就只想说一点，别用现在人的思想去套古代人的世界观。现在的人和古人间很多想法是割裂的。所以看古代的问题要先回到古代去，这就包括思想上也要还原。这样子对时间与功利可能就会有新的认识。还是以刘勰为例，他其实早静下来了，《文心》的体例本来就受了很多的佛法影响。而刘晚年又回到寺庙去了。之中的世俗行为，其背后还是有古人的形上态度的。

二

葵：孟子是劝人向善，儒家的礼制是防君子不防小人，自然也就更不能防大盗了。但再详尽的法制也解决不了道德问题，因为法制是禁人作恶。禁人作恶和劝人向善之间还有很大的行为空间，在这里就需要节制欲望了，程颐的“存天理去人欲”可以发挥作用，影响社会的日用人伦，确实有用。其实究其根本还是：欲望的膨胀会导致恶、大恶。毕竟儒家的本意是善的，是关照民生的。所谓君子与小人，其实只在一念间而已，纵欲而后作恶即为小人，节欲而后恻隐即为君子。君子不等于历史英雄伟人，小人不等于历史上的身败名裂者。君子与小人等于活在当下的每个人，而且差别只在一念之间。儒家劝人向善相当于一种比基督教禁人作恶还要靠前端一点的预防机制，这种心理预防机制比起法制就“软”了很多，但预防总比等出了问题再惩罚要智慧得多！这种儒外法内的统治、管理模式必然有其合理性。可能它的合理性根基于民不智的现实。所以需要扩大加强教化，但有时候不管怎么教化小人还是小人、大盗还是大盗。让小人自己关照自己的良心恐怕用处不大。因为他们更在意的是自己的欲求。最终，一个彰显私欲的社会、一个人人都想占便宜的社会将形成双输的结果。

袁依：“一个彰显私欲的社会、一个人人都想占便宜的社会将形成双输的结果。”而今便是如此，只不过旗号上打着“双赢”的标志。自新中国成立后“去私存公”的社会主义历史、尤其是“文革”一段，被无情妖魔化以后，私欲便从潘多拉的盒子中被放了出来，并且“徇私枉法”得那般义正词严。人之欲望无止境，一旦脱离了伦理的规范，那泛滥而出的滚滚洪流便永难收回。既言及此，我们便可对朱子的存灭观具有一番了解之同情，宁可不去挑动情欲，甚至于不惜禁锢情欲，也不可放纵它，否则必将无可收拾。可惜自晚明而至今的异端学者总是打着“解放思想”的迷目谰言，毫无原则地自在自为，以为人生在世，不过吃喝二字，又以为天公不仁，以万物为刍狗（曲解老子大义）。这一现实主义享乐观背后只有“虚空”二字，它将历史掏空了，以为当下欲望的满足便是“不虚此行”的人生至乐。他们心间没有后代，没有后世，没有历史，是不负职责的中人，是从恶如崩的中人，过着自欺欺人的没有觉解的一辈子。自大观法门而言，是永堕轮回的徒子徒孙，物不迁者，道立其间；无有向善之心者，心中有主张，无忌惮，于是世间虚华，纷纷攘攘，皆为它眼中的实相，不得解脱，永难自拔。是故克己的功夫，虽是道学家言，却是警世之洪钟，醉一日便是地狱间人，醒一日便是尧舜之徒，醉醉醒醒间，无有始终，无有因果，无有故乡他乡。

三

袁依：入豆瓣，始识中华之读书种子，久未断绝。吾常自矜，以为天命在兹，天不丧斯文，继而自喜，继而自欺。阅经起垒土，非经一番持久之寒彻骨，实不宜妄下言语。我有嘉宾，恨不能琴瑟同鸣，原之根本，一己之虚名有余，实学愧自不足也。实学之要，首当小学；凡百问学，倘无辩章考校之基本功，皆为无根之浮言。有实学，然后定力足，不必有人不知而愠之执，通体透亮，而无耀泽，神气不外见，而修道之人共所知之。问学即问道，问到底不过是修身修心。修身修心之不足，或言鸿儒学究，或言运斤才子，皆为身心不一之信征，止增笑耳。由此而知，天命以“诚”为终极，人命以归乎天道为根本。无一诚字嵌于内中，而徒骛虚涉于花花文字间，非但于日用常伦无以益，而徒劳沥精损气以至于弱人病人老死人，不亦足可忧惕乎？诚心实学，涵泳沉潜，而后乃可立其大。

四

袁依："以见茹之而不能茹者"，此句何解？

刘洪强：我倒是查到了出处。

袁依：出处是《太平广记》？

刘洪强：好像是《崔述学术考论》。"强词夺理以驳朱子，是朱子亦尚有待后人之羽翼者。苟有所见，岂容默而不言。故先之以《提要》，以见茹之而不能茹者，良有所不得已，阅者当有以谅其苦心也。"

袁依：是《太平广记》的提要，我看到的就是这句话。

刘洪强：茹，莫非是提要的意思？《周易》有拔茅茹，我看周振甫似乎是这样解释的。

袁依注：柔亦不茹，刚亦不吐。茹，吞进去，消化掉。

袁依：联系语义来看，可以试着翻译这一句吗？

李志春：联系语境的话，就是驳斥前人是对前人的一种丰满和补充，所以假使真有想法的话，又怎么能缄默呢？所以就先写了提要，以来猜测估计揣度之。

袁依：那这一句话的翻译是？

李志春：写提要，来让你看见揣度的地方，那些不能揣度的，就真是抱歉了。

袁依：茹是揣度的意思？有旁例吗？

李志春：茹有猜测，猜忌，揣度的意思的。"我心匪鉴，不可以茹。"(《诗·邶风·柏舟》)

五

袁依：读书得古义，不过是心向往之。《大学》之法，乃是教人自立之法。修齐治平，须从日用常伦间寻得。若无格致之工夫，便无诚正之用心，任它千百般聪颖，恰只是接济其为恶之手段。从此番意义上讲，为道日减，以趋于无，乃是圣人发扬的婆心。《大学》之前的小学，其根本亦是求智慧，而非求知识。虽然，知识乃阶梯，然人之欲性，无限趋于贪婪，似雪球，似烈日，似得寸进尺之兽禽，似得陇望楚之霸盟，无有尽日，无有尽时，于是人善之初，尽皆侮殁矣。是故知识不可不求，而不必贪于求；聪颖不可不备，而不必欲其速。聪颖备，而机心起，天人相割裂，于是人向外物寻去，不得反其本。然现世之安排，无聪颖之思则无以负担切己之责任，上则不忠（对国家的责任。古代的“君”某种意义上，就是“国家”的内涵）下则不孝，进忧之间退亦忧，是故予而发杞人之思，欲其不速，诚不得已耳。以有生逐无生，首立此义，则已然寻错了反求诸己之路径，是故庄生云“殆矣”，非反智主义，实人本之关怀也。

李思帆：我挺想穿越文白结合的话语方式，发现话语中可以传达的体验、信念和每日都在做的行动。书中之理，去掉它失去活力僵死自在的指称，而带有能显人本色的问题，面向自己的生活和前路。孝不只是概念上的，是与你父母面向生活的沟通、选择和大家相互理解之后的付出和支持。别把读书和孝联系起来，读书是积淀的为己之学，孝是在，是发展之后的当然的回馈。

袁依：谢谢思帆！前段时间向一位年轻的红学家请教，他听完我犹豫不定的两难抉择后，竟哈哈大笑起来。他笑我们这些多愁善感的小人儿，经常喜欢无故地把自己前方的路在假设中就给封死，然后自己就一直在那儿怨天尤人、自暴自弃，其实前方的路一直都在，无论何种选择只要是具体而可能操作的，只要是不违背基本道德律令的，都不会错到哪里去。如果说日后还会有悔恨的情绪，一则是自然的“围城效应”，一则是自己的付出上没有尽心。所以很多看似疑难的问题，都是大而无当的伪命题。而对于诸多“过来人”的教导，无论其是善意的，还是故作姿态的，我们兼听则明便是了，可以当作参照，切不可奉为真理。你的这番体悟，也十分能够启迪于我，最为关键的，是你疏通了“孝”与“读书”关联上的一致性。也就是说，我们如果觉得自己不孝，其实还是站在了自己假设的立场上，并不是真心为父母考虑。父母与自己永远也不可能是对立的双方，你若能发金刚勇猛之愿用心读书，那么你的尽孝也在其中了。金钱上的孝，我们可能会在意，父母倒不一定只是看重物质上的回馈。成全一个大写的人字，葆养浩然的正气，顶天立地，脚踏实地，平凡而不平庸，这或许才是父母最为殷切的盼望，因为你正是他们生命的直接延续。人之一生，攀得越高，固然可能名利双收，可是如果辩证地一想，“谤亦随之”，毁誉始终参半，烦恼也是“与时俱进”；更有甚者，高处不胜寒，登高者必跌重。常在河边走，哪有不湿鞋，谁又能确保自己聪明一世？我们渐已年老的父母，玩不起这般战战兢兢的惊险游戏。所以，耕读为本，修养心性，虽在茅舍，乐亦在其间，于父母而言，又有何“不孝”之作为呢？

六

孙国柱：自省，自觉，自惭，这就是我的所谓的修为。自省可近仁，自觉能生智，自惭能发勇。

袁依：这三者有着依次的顺序吗？不是一个渐进的过程吗？

孙国柱：随缘而感。须随处体认，同时亦不能执着，以扩充发明涵养济之。我在努力去做，只是这个努力也要不着痕迹，以后自然能得从容大度。

袁依：国柱之基，在孙与哲。“孙”字同“逊”字，这八字应是你的抱负施展，感觉你的内圣之功多于外王，其实外王可以有助于内圣的扩充与深化。

孙国柱：那也要看机缘吧！没功德也好，说明天下太和。

袁依：你已然是纯中哲的思维与境地了，对于西哲是否也如中哲般赤诚热爱？

孙国柱：西哲也好，但没进去。或者进去了，太跌宕起伏又出来了。

袁依：中哲只是忧乐圆融？

孙国柱：忧是行愿，乐是受用。忧乐圆融是贤者的画像。

袁依：如何看待清末明初佛学界的入世关怀?

孙国柱：佛法在世间，不离世间觉。出世觅菩提，犹如求兔角。烦恼即菩提，生死即涅槃。修行就是成佛了，没什么特别的。哪个时代都如此。

袁依：程朱与陆王，谁离佛法更近?

孙国柱：一样近。或者可能比佛法还近。

袁依：比佛法还近?

孙国柱：世间法也是佛法，外学也有得力的地方。

七

袁依：为什么大家都要挤破头落户大城市?因为大城市不仅硬件设施好，而且软件设置也更加人性化。且不说图书馆博物馆自助银行地铁交通方便快捷，单就常住居民的素质来看，的确也大体符合现代公民标准。至少不像一些小地方，根本就没有你说理的地方。越是旮旯的角落，越是阴暗密集之所在。县城及以下地带，非人情交易无以成事，非关系买卖无以“作人”。而大城市因其人口之大批量流动，必须制定有相应的具有实效性的规章制度，某种意义上是可以辨之以理的。由此可见中国关于小城镇建设的发展规划，任重而道远。

周士武：理有情理、事理、天理，大城市即便制度完善也只能说明比较讲事理，至于情理、天理，未必。

袁依：矫枉必须过正，中国人一向缺的正是事理。情理与天理，从来都很泛滥成灾。

周士武：恐怕没有这么简单吧，就怕有更多隐患在这个矫枉过正里面。现在讲事理，更多地建立在对根本目的和价值的忽视上的，工具理性的色彩太过浓厚，对前提缺少反思，往往脱离人的生存情境与现实考虑，成了虚无而“高尚”的东西。

袁依：人情泛滥，讲礼变成了不讲理，这才是“脱离人的生存情境与现实考虑，成了虚无而高尚的东西”的真实来源。

周士武：是的，情理事理都不能偏废是对的，但是大城市明显的也是有偏废的，没有你说的那么好。

袁依：乡土中国的温情不复存在，我们能够切身感受得到，但是当下的小城镇乃至于农村，这份温情是否还留存？我觉得也是不容乐观的事情，看看遗弃老人的“情理”就可以窥测一二了。

周士武：跟老人站在法庭讲理打官司的事在大城市也比比皆是。

八

南怀瑾不是国学大师？（袁依记于2012.10.02晚）

见徐晋如《南怀瑾何以被称作“大师”》一文，初而大异，继而大愤，继而一笑而已。正如一位网友尹逸的留言中所书：“斯人已逝，功过千秋当辩证而论，岂可一面定之？人之为人，皆有是非功过，正所谓‘金无足赤，人无完人’，一点而概全，岂不显露出作者的情绪过于偏激？怀一丝虔诚之心，至少是对逝者的一份尊重，也是体现了自身的修养，更何况是一个身体力行、颇有建树的长者？斯人刚逝，便出来指手画脚，甚为不妥。自古云，才为德之资，德为才之帅！还望晋如先生三思”。此言亦是我心中之言。

如若南怀瑾不是国学大师？那谁是呢？李振基老师曾言：“能够发心把中国优秀的文化传扬下去的人都可以算是传承国学的担当者。南师儒释道医易俱传，让我们感觉到老庄孔孟列如在以前一般鲜活，不是大师，又有何人能够做到呢？”又有网友徐晨跟帖：“南氏之功不在说文解字，在于传道。虽有诸多不妥，但功德不浅。焚书坑儒后百家典籍本身保存不易，更何况还原历史？”依我之见，今人不读学术原典而只关心大师们的鸡毛琐事，一味跟风崇尚“民国热”，以为只有民国才有大师，殊不知民国大师的童子功多半是在清朝帝制的政体之下打牢基础的，并非是什么蒋委员长开放舆论的功劳。天天揪住陈寅恪不放的人，恐怕自己连陈寅恪的竖排繁体著作都看不下去。很多人之所以谈国学大师，其实是在借机发政治上的牢骚，就好比谈诺贝尔和平奖抑或文学奖的获得者，一定要看他在政治上的“异端”表现，越是异端，则越是拥有“独立之精神，自由之思想”。其实稍具常识的人都知道，所谓的“异端”可能是思想者，还可能是神经病，顾城杀妻一事，至今令我耿耿于怀。中国的学问历来讲究贴近人心世道，从不高悬存在命题，正如好友刘晨所言：“南怀瑾的文字，十分通透，在六年前阅读《论语别裁》、《老子他说》的时候，甚感一种贴近于生活的‘大道而简’，似乎顿时就茅塞顿开。”“真正开悟的圣人，懂得用民众能接受的方式来渡人。反是自居‘开悟’者，要用所谓‘经史’来吓唬众人。真正的佛理如‘道’，本就是无形的，如果拘泥于形式，就无法真正参透本源的道理。（网友金翼）”南师不离日用常伦外，直到天机未画成，从这个角度来讲，南师真乃国师也。

王一茹：南老在《论语别裁》里是有“开创性”的解读。比如讲《八佾》篇的“夷狄之有君，不如诸夏之亡也”时，不信通假甚至不知通假，把通“无”的“亡”读为亡国的亡。张中行对此有过批判。徐晋如对南怀瑾、文怀沙的攻讦自然也招来不少谩骂，但他有一句话说得不错：“如果不能亲自研习国学艺术，你对国学的了解永远只能停留在矮子观剧的层面，也就免不了受形形色色的‘国学大师’所骗。”我个人而言，是佩服南怀瑾的，对陈寅恪、弘一法师更是非常佩服，但是哪好意思说呢，这是个自己不体悟不学习没有资格说的问题，比如南老打禅七，谁有发言权呢，叶曼先生。徐把所有听到的东西，都当成证据，试图站在制高点批判别人。境界高下立判。

李攀：虚怀若谷才是大师，南师深谙此理，我们待人接物也应宽容对待，令学术亦有其风格，徐之所言在某程度上也暴露了问题，西学之惯性亦殖民于国学之境域。

刘继元：鄙人从未读过南怀瑾先生的著作，对其生平亦无任何了解，大概所读为史而非哲学或国学，故不能发一语。陈寅恪先生的书恰好读过一两本，认为其在隋唐方面的成就的确为史学一代大师。上中国古代史课时，某先生说："南怀瑾确实读过很多书。"

李振基：不去管他人如何评价南师，只从受益之众看，南师绝对是国学大师了。南师是发心弘扬传统文化，纠正了不少宋以来的错误，也难免有错误，是南师让我们数以千百万的人知道老祖宗原来有这么优秀的传统文化。而如果只为研究而研究，能让几个人受用呢？南师是很谨慎好学的大德，遇有不知道的字词，往往要去查证了再说，但即便如此，面对浩如烟海的古文，发生字面上的错解是在所难免的。若南师知道他字读或解错了，那肯定感谢徐先生，再版时会改过来的。

罗武深：对于已作古的人，应当有最起码的尊重，更何况是对一个饱学的老先生？后辈者，若有可能，多读点书，别太拘泥于文字细节，能悟义理，便是收获，就可能造福人生和社会。

付文力：袁兄所论极是，南师所忧者在于道统是否传承，而不在是否有大师之名，南师少时有经略四方之志，后精研释典寻出世法，薄帝王将相而不为，莫说大师之名，就是教主，于南师亦何加焉？庄子说许由逃避禅让跑到山里，农夫却把自己的帽子藏起来，怕被许由偷掉。

许成磊：南怀瑾的疏漏，根本不在考据，是义理的问题，尤其是对宋学的鄙薄，可见其对儒学的不契，舍儒学，何谈国学？

袁依回复许成磊：他没有自认为是国学大师，他以佛法传播自任，这与韩愈辟佛、朱子辟佛是反向的，属于学术之争，即便疏漏，仍旧是大家风采。

九

袁依：今人每观《三国演义》，皆从李宗吾那一套厚黑之学。登峰造极处，便是曾仕强讲解的阴谋论。余人也愚，阅《三国》之文本，观《三国》

之影视，聆《三国》之声乐，发觉最为酣畅之处绝非尔虞我诈之阴谋厚黑。桃园三结义，何其义也；千里走单骑，何其忠也；长坂坡前一声吼，何其勇也;七擒七纵抚人心，何其智也……每观《三国》，只晓得几处计谋巧算，却不识人间大仁大义，实属大愚若智也。单就个体而言，阴暗猥琐之面比比皆是，但我们看历史就是为了满足自己的偷私癖吗？见得崇高，方是见得历史的真义。

徐小翔:大学时最喜读《水浒》，现在我依然承认《水浒》的文字极好，但是对于其内容则越来越讨厌；以前不喜的《红楼》和《西游》，现在却越来越爱读，有些东西确实是随着阅历和对生活的体悟才慢慢觉出来。

李一凡：桃园三结义，不存在也；千里走单骑，不存在也；长坂坡前一声吼，不存在也；七擒七纵抚人心，不存在也。君说演义，何故论史？何况权谋诡计，本来就难载史册，能从只言片语窥得春秋之义，相互连缀而测鬼神之机，这是真本事，只看得出忠义酣畅，不过是好书生罢了。

袁依：从历史哲学观之，演义的真实性高过历史。我以为历史的真实维度之外，还有向善的维度，仅此而已。

李一凡：关于向善的纬度，我以为历史无善恶，比如最基本的一点，移风易俗千年事，道德伦理基础都不同。

袁依：伦理不同，道德相通。真实有史实的真实，有逻辑的真实，二者都得兼顾。《红楼梦》不过是小说，何以成为学术界研究的“元命题”？这关乎“艺术的真实”，不独曹学之考据。牟宗三先生讲《历史哲学》，犹重文献背后的思想整合，是故陈寅恪言古籍之中伪材料不可尽去，又何况代代相传承且非一人而撰述的演义小说呢？

缘一室诗录

（原名『散宜录』）

《散宜录》弁言

林 煜

无锡钱子泉先生于恩施樊增祥之诗颇有褒赞之辞，称其所作“称心而出，如人人意中所欲言，而实人人所不能言”（《现代中国文学史》）。袁依君亦出自鄂省，与樊云门比邻以居，去圣未远，而同沐楚泽，若起樊公于地下，或令两人交互作揖矣。盖袁君幼有书癖，希贤慕哲，咸甜杂进，不困畛域；上起先秦，下迄于今，凡奇文佳作，名篇后句，俱入其“彀中”，手所甄录而吟赏玩味者，伙矣。久之思精而学博，于圣解有所窥得。为学之余，常肆文力于笔端，摹大千于几案。积累既多，虽濡墨未干，恐咳唾随风、抛掷可惜，遂裒辑成册，而有《散宜录》一卷。

东坡居士有言：“某平生无快意事，惟作文章，意之所到，则笔力曲折无不尽意，自谓世间乐事，无逾此者。”袁君之诗文，固不可以与文豪并辔相埒，骈臻“从心所欲，言人难言”之境，而其跌宕腾挪之势，摅襟写怀之志，与夫玩索有得之心，诚教余感之佩之。

古今风人攘攘，多重名山事业，大抵生时勋业难就，而命若风烛草露，一诗卷在手，则立言之迹在，千秋之后，容或不朽。如此而言，诗集云云，或成慰安之药剂、生平之证明矣。观说部大师施蛰存之《诗人》，可以审矣。西哲荷尔德林曾曰：“彼等（指诗人）若酒神之祭司，每在神圣之夜，行于大地。”惟坚毅卓绝之骚人，为能镂镌心迹、攒集风云，以映鉴千古，襄助造化。若太史公之史传、杨衒之之伽蓝、文天祥之指南，与夫郑思肖之所南，皆在此类。然夙哲之风，心向往之，而即之也稀。方今风雅寝声，有心之士莫不发愤以求奇文郁起，而巨椽鸿制，取法虽上，但恐眼高手低，画虎类狗，致贻鹦舌之笑。故非胸有大襟怀，心有大谋略，求为鲲鹏凌霄，直如芥末浮于坳堂之杯水。才之不可强也如是。袁依君与余相善，弁言之任，“一埤遗我”。余承其美意，然未始无自知之明。昔袁君录诗相赠，大抵中宵猿啸孤起彷徨而欲求鸣鹤在阴之意也。余所唱酬，实句读不葺之文耳，北面而视，徒见浩浩大波矣。今评袁君之《散宜录》，余“不问国事问家事”，却魏阙而处江海，非敢慕赵岐之系志，但求匡鼎之解颐焉。

数月之前，川人颜冬君著《感谶录》，张于网上，未知袁君果受其影响否。观其诗题，似有相仿之处。谶者，先几之兆也。感于谶者，个中已包心思纤细、临深履薄之穷通进退意矣，释道遁世保身之义，隐然可闻。散宜者，内中《不辞长做思乡人》（2009.10.27）有“无端狂笑无端哭，偏向散宜吊丘坟”之句，岂“文王四友”之散宜生？然此与诗集何涉？抑作者自相比况？余思之不得，未获确解，庶几宜问诸青林黑塞乎？若“散”作“散木”之“散”解，则俨然有“沧洲酌波，散木安巢”之庄老风矣。

粗览《散宜录》一卷，达数百首之多，惜未得深哜其味，囫囵滑过，如猪悟能之啖食人参果；加之于诗律诗韵不甚了了，矮人看戏，不免随人短长。故退而求次，特自诗意诗味入手，大略赏之。谫陋之处，尚祈宽假。

瞥观其诗，曰包罗综赅，固属违心之论；若言含纳绵广，或其有宜。粗粗罗之，有咏史之诗，有怀乡之诗，有赠别之诗，有酬唱之诗，有劝讽之诗，有自述自摅之诗，有书余有感之诗，有参禅入偈之诗，有偶感无题之诗，至于纯作描画之应景诗，与夫怀彼萧娘之情爱诗，几付阙如，此由内容而划别也；若以体裁论之，则七绝、古体为多，五七律体、五绝盖尠矣。自惟袁君意气飞扬，灵光闪处，言短意切，自是于绝句为便宜，而五绝犹显身量矬小，七绝则修短合度矣；及精骛神游，思豁而语溃时，律绝皆属蹇驴，不若古体之扬鞭驰马、一骑绝尘矣。盖袁君生秉自由之性，喜纵谈天下事，自是曲子中缚不住者。人择诗体，诗体择人，幸自两厢情愿之事，若《关雎》之关关互鸣。孟轲所谓知人论世，孔丘所谓一隅三反，由诗体之褒抑增损，亦可觇窥袁君之性情矣。

默存先生《谈艺录》开篇即言“诗分唐宋”，又曰“唐诗、宋诗，亦非仅朝代之别，乃体格性分之殊。天下有两种人，斯分两种诗”，“唐诗多以丰神情韵擅长，宋诗多以筋骨思理见胜”，斯由人之感性理性之班分也。（钱）子泉先生目樊云门为中晚唐诗人，兹可见一门父子品味之赓绍。而默存亦云“唐之少陵、昌黎、香山、东野，实唐人之开宋调者；宋之柯山、白石、九僧、四灵，则宋人之有唐音者。”如是而言，唐诗宋诗，非如泾渭之判然可辨。袁君之诗，大抵归于宋诗之面目，而羼以中晚唐之遗味。

严沧浪曾云“（宋诗人）以文字为诗，以才学为诗，以议论为诗”。此“筋骨思理见胜”之佐证也。夫有宋一代，三教合流，理学方兴，乾父坤母，万化由经。寖之诗歌，则形象之美感少，而抽象之哲理多。《散宜》之作，史论之诗、问道之诗，分量不小，此宋诗之表征也。诗论自杜少陵以降，史论自杜牧之后，渐而成蔚然之势。袁君喜探古发史，掘幽索微，每于汗青罅隙之中，反弹敦煌之琵琶，而发前所未有之音。《红楼梦》中所谓“纵文字精工，终已落第二义”，极显立意新奇之独擅。刘彦和所云“意翻空而易奇，文征实而难巧”，虽则名言，然翻空之妙，如欧阳公、王荆公之论明妃，终是不易之举。袁君之《遥想幼安当年》，化用稼轩成句，《水龙吟》一词，原是抒写鬓发渐华、落拓不偶之作，“堪脍鲈鱼”，貌与张翰心意相侔，实则异之，盖“种树书”三字，反骨尽露。“却将万字平戎策，换得东家种树书”，颇有“诗人安得有青衫”、“剩将西湖养吴蚕”之激愤。七字相排，笔意参差，错合中别添一番滋味。而末两句“红巾白发”、“青衫白屋”之对，读之蓦然生出“宫花寂寞”与“玄宗宫女”之景，果然红巾难揾青衿泪。全诗纯由旧酿勾兑，而语语差互，新芬遂生。再如《怀古一首》，首句自秦言起，后二句仍为铺排，末句新警异常，壮如豹尾，摇掉有声。其发人作国党共党之联想，似露微露，有意无意间，名作怀古，貌似涉今，最是风人微婉处，可谓奇妙。又如《反弹琵琶咏孔明》，亦是翻空见奇之作，按孔明儒雅之状，凌霄一羽，万古如此，作者一反烂熟习见，雄霸其业，叱咤其声，孟子拯济苍生之心，呼之欲出。而煞尾之处，变易历史，一补兵不出子午之遗恨，而天下大势遂遽然一变。此扭转乾坤之法，与"东风不与周郎便"共异曲同工之妙。他如《怀古一首(乌衣巷口白头鸦)》，意象叠迭，金陵之乌衣巷，与夫柴桑之东篱花并肩，灿烂之皇族地，与夫惨淡之野人居对比，顿有"苔深韦曲"、"草暗斜川"（俱见张炎《高阳台》）之慨。要之，袁君之咏古怀古诗，善作奇正之变，好发翻空之言，而运思往往自出机杼，虽研磨于古硎，而锷刃辉耀于方今。

诗贵言情体志，若饮杜康然，逸兴遄飞处能使茕独颠连者嗟叹永歌、手舞足蹈焉，故《散宜录》中咏史怀古而外，其自述自摅之诗、书余有感之诗（以红楼有感为最多）、赠别诗及怀乡诗之部分，皆情动于中而作，其数甚伙，余并名之曰抒怀诗，以求叙次之便。

俗语云"一方水土一方人"，盖水土风物，足以移人。初，樊增祥将赴陕西之宜川令，李慈铭谓曰："子之诗信美矣，而气骨稍弱。关中，汉唐故都，山川雄奥，感时怀故，当益廓其襟灵，助其奇气。"而苏栾城上书韩太尉琦，其所持论亦相仿佛。长河饮马，河梁携手，与夫江南草长，洞庭始波，气象自是不同。鄂省当南北之会，川险野沃，刚柔骈具。袁君沐楚汉风雨，游洙泗文华，其诗力避绮柔，然非粗豪震荡之态。昔杜牧之有"俊丽"之笔，姜白石含"清刚"之姿，皆阴阳杂糅，主辅有度，不害于并臻佳妙。袁君欲撷楚辞瓌玮，复欲揽诗风醇雅、承往圣道统、展鸿鹄壮志，故其诗牵缠纠结，化鲲鹏逍遥其上，而俯瞰人寰，忧"茫茫胡兵，流血野草"；化精卫衔木石，又恐见嘲于细爪麻姑，其刑天舞干戚之志，倏忽水解于桑田沧海之叹矣。况袁君敏感多思，忧生伤世，热于中而冷于外，又耽红楼之赜隐，绛珠之多情，乡关之绵缈，则潇湘情结油然而生矣。故其抒怀诗，多窅敻幽微之思，非敢言"山鬼晨吟，琼妃慕泣"，然曰"伤心人别有怀抱"，虽不中亦不远矣。如《鲁鄂千里遥寄相思》之“湘竹点点泪”（2009.6.17），之“我有双泪流不尽，涛涛苦水内中排”，《夜读红楼有所思》之“绛珠难偿生民泪，最是荒唐一潇湘”，《读史一首》之“哀莫大于心不死，九歌一曲泪雨纷”，《赠友诗两首（其二）》之“至哀最是心难死，不忘仙姝寂寞林”，《舟中踽踽江天客》之“良宵最苦谪仙月”、“残阳撒血碧浪滔”，《烂柯山上老红尘》之“麻姑无尽沧海泪”，《红叶正西风》之“枫林吟秋赋，红叶正西风”，《梦游岳王庙》之“武穆风波恨，千载泣悲咽”，《薄酒一杯鲛对月》之“只影空向千山雪，薄酒一杯鲛对月”，《赠别砚文老哥一首》之“沧海珠洒泪，为君落玉盘”，《七绝一首》（2010.5.19）之“巴峡暮暮穿肠过”，如是等等，不一而足，几句句带泪，情何深婉！作者似有无限抱负、无限襟怀，欲与青天白云共其卷舒，奈何宇宙深广、岁月隙驷、世道浇漓、羁旅无伴，遂痴心芳洁，魂交屈子潇湘，师心使气，独存孤迥，而又独行孤苦，中宵咏叹。

《散宜录》中有似项莲生、黄景仁面目者，此特一大端也，并不尽然。夫咏史怀古者，翻空其意；自摅怀抱者，郁结其情，前已述及矣。若其劝讽之作，则又自辟一途，别具风致。三百之篇，本意在讽上化下，所谓美刺之义也。王风黍离之悲，小雅北山之怨，是其典型。后世政愈暴，俗愈殊，激射隐显，未必遵道得路而若此也。袁君阅书无数，喜诣异端，如宋之苏子美，观《汉书》而下酒，恨博浪锥之不中。其激扬之情，流乎楮墨，则翻案水浒，煮酒三国；一任兴趣，重隐情之未覆，置雕虫于罔闻。如《飞将品西游》，辞句未必精工，而词义精警动人。西游之说，户传家诵，唐僧四众，俨然行者。而佛国圣境，金玉败絮，万里跋涉，神圣事业，仅得封侯。尤其最末一句，卒篇显志，笔锋暗藏，霜刃一割。毛泽东词“三皇五帝神圣事，骗了无涯过客”，可代为注解。再如《无题（良民处处好）》，四句二十字，一副电影《英雄》之图解。“瓦釜”与“新”，“天下”与“太平”，各成反悖，荒谬可叹。又如《端午一首》，末句着一“忙”字而讽刺之义尽出，因端阳佳节，本吊屈原之日，而水上龙舟唢呐嚣嚣于昼，箫管烟花复聒噪于夜，此时天上月色，若侍女媵人，忙乱不已，以光照人间，而助凡尘丝竹筵席之乐。悠悠屈子魂，惟寂寂于九歌呵壁处，世人健忘，于此可知。全诗俳谐之外，似留一瓣寂寞心。又如《咏雪小诗一首》，乃唱和之作，浴洋君引王国维“元唱和韵”之语，实余之未敢知。李诗风华高雅而袁诗讽意直切，各擅胜场。袁诗颇似戏剧，与小杜之《清明》有仿佛之处。头二句深情抒唱，携黛玉之风；然后二句急转直下，有“截断巫山云雨”之势，若戏曲之中两角同台而异响。一诗之内，抑扬突如，自含双簧，望之不似一人咏矣。其不足处，似有故作“反弹”之嫌，瑞雪覆土，丰年之兆也，何以“尽伤稼穑之人”？林妹妹大观园题诗，有“十里稻花香”、“何须耕织忙”之句，或有病其做作忸怩，正是此理。

袁君行万里路，好入名山通衢游，广结贤士，离别亦多。折柳相送，已成旧习；箧中相赠，仍续深谊。《散宜录》中，赠答之诗荦荦大观，以此故也。古来送赠之作，多于旻天之繁星，内中佳笔，亦非屈指所可数。大抵灞桥之上，筵席之前，人情有所不忍，心潮滔滔，加之酒醉神智，出笔便如怀素舞蕉，或豪或悲，总在一往情深处。何记室之“夜雨滴空阶，晓灯暗离室”、高达夫之“空多箧中赠，长见右军书”、张道济之“往来皆此路，生死不同归”，几关千古赠别之口。然千古登临，千古母题，千古一心，要在创获有异。袁君赠别之作，当以《诉别衡阳一首》为最上。此诗似仿崔颢之《黄鹤楼》，颔联不对，打破齐整，有七古风味。“浪纷纷”，增其浩大之势、豁朗之气；“腊酒浑”，有苍温古朴之味；“浦雁”一句，与衡阳风物相合，盖其地有“雁不过回雁峰”之说。雁声不闻，则己身且向更南处矣，雁尚有情，不过衡阳之浦，鸟犹如此，人何以堪？由此离别之味出矣，然不觉其溺，反有“曲终人不见”之意，于空灵之怅惘外，别画一道余烟。另兹诗韵脚有误，声与纷、浑、闻不叶，特指摘之，虽曰瑕不掩瑜，而微云不扫，难免乎滓秽太清。

东汉以降，释迦之说渐入中土，以禅喻诗，固以严仪卿为嚆矢；以禅入诗，王摩诘盖已道夫先路也。袁君于孔孟而外，颇涉衲子羽客之书。兹《散宜录》内，参禅悟道之诗并不见多，然亦允称“独当一面”矣。如《参偈四句》,戡破春景,直指平常心,阐明“道在自然”义,与“尽日寻春不见春,芒鞋踏遍陇头云。归来笑拈梅花嗅,春在枝头已十分”有互证之妙。又如《口占一偈》，言简义丰，“孤月印西江”一句，清瘦孤迥，可谓“千江有水千江月”、“月印万川”之特写，禅意十足。

至于红楼有感诗，亦有持论新颖处，惜乎余于红楼一书用功不勤，近乎全盲，难窥诗中奥哲，兹略而不谈。洎《散宜录》重阅一过，袁君之耳目神情如在眉睫之前，愈发晰然。古人素有“心画心声”之论，后元遗山驳之，至近人钱钟书为之定谳。心画心声，即有失真之处，要之不妨存其大概。袁君之才富而捷，如彼所谓“腕底运斤倚快马”（《自题小像》），无乃袁虎之苗裔耶？观其诗，铺摛宏富，思致清奇，然灵性稍欠，情韵稍平，宋人横议之风味偏浓，唐人丰腴之气性不足。若假以时日，使袁君“染指”益多，积累益伙，感悟益深，则庸庸如余者当瞠乎其后矣。

《千字文》有语云“欣奏累遣,戚谢欢招”,余得于《散宜录》中求古寻道,散虑逍遥,当拜袁君之嘉惠。今濡墨且干,抚卷感叹。诗文之道,漫漫修远,吾侪当上下求索。既以有涯随无涯，奚以为文？袁君有句：“文岂藏山业，二三素人谈。”诚哉斯言！尚祈仁人君子阅袁君其书,交袁君其人！是为序。

牧宇执笔于辛卯年正月二十七，时维浓春

人有古今，诗无古今（代《散宜诗录》自序）

——阅颜冬兄《与飞舟子论诗》有感

人有古今，诗无古今；诗有古今，便不是好诗。虽然一代有一代之文辞，比若汉有赋、唐有诗、宋有词、元有曲、清朝有对联（此乃戏语）等等，时事每每不同，文章各尽其妙。此乃“变”之道，无有“变”，则文心易锢滞；无有“变”，则源头无活水。然道有“变”亦有“常”，“变”是分剖，“常”是综述，此颜子所谓“诗为人世缘起所生耳，所谓缘起性空也。故诗为随化，不必拘于定势也”之精义所在。

今之人如何作古诗？颜子谨循夫子中庸之道，还是主张做个古今损益法。“一路执现世之名色，依前朝之律韵，往往格格不入；一路抱前代之物象，守遗老之方圆，常常不契时代”，既然“古”也不能，“今”也难当，这诗又如何作得下去？颜子曰：“欲臻古之境界，其性必近于古贤，此为内因；周遭境遇，仅其外因，不足道也。”两句相结合，飞将倒有了另一重说法，“执现世之名色”与“抱前代之物象”，亦可看做是不足道之“外因”。因为有“执”，因为有“抱”，虽然发了大心，但毕竟是从闻熏入手，强不能而为能，不若返诸己而发掘自家之宝藏，由真实力发作而成。

发大心作出的古诗，究竟价值几何？面对这一绕不过去的疑难，颜子从侧面下手，对“深入故纸堆，只是活死人”之俗谚有了一番彻骨的批判。“古人既殁，其殁者仅为年寿也”，此乃颜子论说之中心，接着援引文帝之名言加以阐发，“年寿有时而尽，荣乐止乎其身，二者必至之常期，未若文章之无穷。是以古之作者，寄身于翰墨，见意于篇籍，不假良史之辞，不托飞驰之势，而声名自传于后”。关于“深入故纸堆，只是活死人”此类误人的俗谚，飞将不仅时时“耳濡目染”，而且险些也“深受其害”。经常有些“成功人士”自以为成熟地告诫着我辈:“不要读死书,要会活学活用。”我质疑的是，肚子里还没装下几本书，又怎么去“不要读死书”？而“要会活学活用”的潜台词就是“读书无用论”，把读书当工具使，当作一手交钱一手交货的生意，这本身就是读书人的异化。飞将以为，中国最为缺少的，还正是那些能读死书的人。

颜子一向擅长于结语处画龙点睛，“愚以为《诗经》所以流芳万古者，无关时事之外，而存乎精神之内也。华夏之精魂，亦为《诗》之精魂，时代恰如肉身逆旅。《兰序》亦云：虽世殊时异，所以兴怀，其致一也”。“肉身逆旅”四字，最中飞将下怀。今之天地，与古之天地存有大异，然而究竟还是逃不脱天地之本属；今之众人，与古之众人存有大异，然而究竟还是葆存着“性本善”的那点“几稀”。后生小子，既能“遥体人情”，自然能与古人精神往来于无何有之乡；既能“悬想世事”，自然能对古人之苦心孤诣有一番“了解之同情”：古今之道虽不同，古今之理却相通，此端赖一颗悟空之心来生发作用。

聚散由来太匆匆

（2010.6.28）

小序：因念大四诸兄长，离歌一曲实堪伤，作小诗一首以纪之。

聚散由来太匆匆，
朝如稀露晚如风。
天涯从此各羁旅，
遥望江湖万里蓬。

附：人间最恨离别事

胡　鹏

（2010.6.29）

小序：六月之别，袁弟依赋诗一首赠吾等告离之人，为此以和之。

人间最恨离别事，
数载芳华去似风。
常识海内如邻意，
此去犹争万里鹏。

再和胡鹏诗

（2010.6.30）

但闻去岁此门中，
桃李新栽倚劲松。
朱楼宴罢灯辉尽，
一瓣心香祭昊穹。

览宗璞《旧事与新说：我的父亲冯友兰》一书，内中感而思

（2010.8.22）

贞元六策续芳薪，

异代相知一脉音。
寥落旧邦新命续，
三松古径百家钦。

赠友董非

（2010.6.2）

堪羡椿萱德艺馨，
天章笔墨裁云锦。
绵葆文脉师家法，
赓续儒风泽孔林。

夜无眠，寄胡鹏、林煜两位师哥

（2010.7.5）

此身无用最堪怜，
冷月秋风伴梦眠。
心事扶摇千里外，
卧龙击浪大江边。

附：复袁依小诗一首

林煜

（一）

莫道舟泊万帆边，
李生曾夸是谪仙。
正是北国秋风起，
珞珈风物黄鹄天。

（二）

秋气摇落自古嗟，

子独跃马不乘车。
携壶但上琴台去，
日暮高吹越石笳！

草作小诗一首，和袁弟，兼答其问

胡鹏

书生最是多轻叹，材与不材逍遥游。
蜗牛过岭清秋半，不耐羊城九月天。
江南海北皆他乡，俊彦白丁俱我难。
唯忧两年三岁后，已梦庄蝶大栋边。

赠友诗

（2010.6.27）

杨柳依依楠木香，
明湖暮色话离觞。
月下鲛人空寄泪，
云间精卫奋翱翔。

无题

（2010.8.20）

锦衣何处寄天涯？
一片鹃红落谁家？
千帆过尽栏杆冷，
一抹残阳西北斜。

为同乡聂绀弩一哭

（2011.1.9 晚）

几回掩卷悼先诗，

黑水白山梦亦痴。
衣锦未还南冠破，
二鸦心泪或相知。

七律·茫茫飞雪穿齐鲁

（2011.1.2 凌晨）

小序：是夜亦无眠，无端思量旧华年，浮想竟联翩。依今韵平仄，作七律一首，寄与一二素心之同道人：

茫茫飞雪穿齐鲁，细细寒霜映楚天。
苦胆未随泉雨冷，壮怀犹效岱松坚。
雕龙文卷二十载，屠狗功名千万年。
屈子相逢羞难问，汨罗江畔可凌烟？

附：颜峻用其韵，和之

幽泉咽雪朱红色，访戴从容透楚天。
环佩独惜千山冷，盘石敢悔百年坚。
流水野月疏狂岁，冷雨茅屋落拓年。
白马章台教说与，繁华信美作寒烟。

超然台上且携壶

复刘淼七律一首

（2010.11.19）

红楼一梦平生误，最是荒唐一绛珠。
脂砚芹溪难并论，蔡书王证半糊涂。
百年原是黄粱客，半世悔为白面儒。
堪羡淼君德艺聚，超然台上且携壶。

附：红楼一别经年久

刘 森

红楼一别经年久，超然台聚诗词留。
人间词话相恨晚，解梦潇湘志难酬。
登临望远平远景，凹晶凸碧野鹤幽。
或恐学疏才不达，惟将谢意致袁郎。

七律·几回梦醒故人遥

（2010.11.17）

几回梦醒故人遥，风雨千帆路万迢。
胡马蹬蹬尘未净，龙城漠漠铁将销。
隋堤碧柳衔红泪，陈驿新衫换旧袍。
系日长绳终困力，烟花岁岁又今朝。

七律·舟中踽踽江天客

（2010.11.16）

舟中踽踽江天客，彤管声声咽寂寥。
水袖翩翩寒魄舞，灯烛隐隐玉魂销。
良宵最苦谪仙月，好梦何堪孟母桥。
浩海难埋精卫志，残阳洒血碧海滔。

七律·反弹琵琶咏孔明

（2010.11.14）

隆中长啸苍生苦，诸葛不出天下何？
白帝托孤仁主泪，五原遗恨霸王歌。
火烧赤壁东南业，琴断空城牛马车。
向使子午成真梦，祭则刘氏政由葛。

注：“葛”字，此处念“ge”，平声，“葛巾，葛根”是也。

七律·墨法春秋纹赤帜

（2010.11.11 晚）

序：不作诗亦久矣！昔清人有句，“词赋从今须少作，留取心魂相守”，其间滋味，大抵深得我心。然春秋之笔、微言之义，感于中而形于外，亦物不平则鸣之常情也，又何罪之加焉？

墨法春秋纹赤帜，东墙打倒起墙西。
宗风冷落菩提叶，法象侵凋业力基。
客散皆缘金玉尽，梦归每入梵香迷。
诸贤去我千秋岁，正道依行灭苦集。

注：

1.“春秋”为一甲子。

2.“业力”：小乘如来之妙谛。

3.“行”者，佛家四法之行法。

有感文章事业

（2009.1.25）

少喜沧桑句，长悟平淡难。
强将言尽意，诗囚更何堪？
老庄文辞富，江西炼字繁。
文岂藏山业，二三素人谈。

烂柯山上老红尘

（2009.3.9 晚）

王母宴罢千里程，肴核声喧琼液纷。
灵药未解娥妃怨，银河碧落夜深深。
花开庭池花谢院，风过竹林风驻门。
麻姑无尽沧海泪，烂柯山上老红尘。

红叶正西风

（2009.3.11 午）

暮云苍狗幻，
香山故人逢。
枫林吟秋赋，
红叶正西风。

案牍一书生

（2009.3.15 凌晨）

万籁余心声，长河晓星沉。
周公和梦眠，飞将伴灯昏。
左图藏《山海》，右史述《三坟》。
蓬仙神游处，案牍一书生。

与曹孟唱和诗·梦游岳王庙

（2009.3.20 凌晨）

徽钦泪欲尽，后庭花尚鲜。
汴杭烟柳处，笙歌夜夜天。
岳王万里尘，黄龙三舍烟。
木秀风必摧，过洁世同嫌。
帷幄岂一秦，魑魅笏朝间。
金牌追风令，快马犹加鞭。
中原北复梦，一枕黄粱现。
旧山松竹老，寒蛩惊断弦。
武穆风波恨，千载泣悲咽。

病中叹二首

（2009.3.24 晚于病中）

（一）

静脉输液动脉僵，吊水高悬泪水茫。

绛珠何日非病魇，少陵常时俱悲伤。

三生宿孽黔众愿，四谛缘起明烛光。

若得万姓常无疾，地狱度我又何妨？

（二）

明烛慈悲泪，莲台宿因光。

南海聆大士，东岳迎玉皇。

石铭三生愿，佛化万胎相。

大千心世界，经声佛号长。

薄酒一杯鲛对月

（2009.4.3 凌晨）

杜啼三声飞红歇，心驰万籁明烛灭。

黄叶村荒添新冢，望夫石老度旧劫。

老僧已死灰未尽，幼姑尚遗情难绝。

只影空向千山雪，薄酒一杯鲛对月。

绝句一首

（2009.3.9）

薄雾踏梭行，

杨柳曳有声。

天光云影共，

兰芷暗香芬。

用“兮”字楚调涂鸦一首，赠老哥刘砚文

（2009.5.18 午）

金兰契结兮二月雪花，
精神往来兮万里天涯；
齐鲁峨冠兮川蜀清茶，
河清海晏兮南北一家；
性情兄弟兮大俗大雅，
高山流水兮子期伯牙；
天道行健兮砚彩光华，
地道厚德兮文名迩遐。

重观《三国》，为凤雏先生一叹（用“兮”调 an 韵）

（2009.5.20）

凤雏高翔兮江东士元，
鏖战赤壁兮巧献连环；
野有遗贤兮匪底龙泉，
绕树三匝兮泪洒青衫；
玄德雅量兮走马县官，
腹引雄兵兮策取西川；
白马落凤兮将星长黯，
黄尘古道兮巴山水寒。

昨晚闻奶奶住院、爷爷病重，夜不得眠，为含辛茹苦的老人们祈寿两首

（2009.6.17）

梦魂常时惊夜起，老翁笑颜离我去。
廿载堂前朝复暮，那堪浮想系嗟嘘。

垂髫无忌戏乳日，黄发有意传教时。
聊斋水浒又红楼，凤姐精巧李逵愚。
侃侃祖孙灯下影，凄凄风雨断肠句。
天公怜我孩孙情，五丈原前七星驭。
僵卧孤床不自哀，甲子沧桑入梦来。
白首冤家相扶老，孝顺儿孙费疑猜。
日暮空饮桑梓泪，叶落长乞黄土埋。
我有双泪流不尽，涛涛苦水内中排。

花开花落两由之

（2009.6.14 凌晨）

举目沧海无限尘，麻姑空笑精卫痴。
朱楼宴罢灯辉尽，三春莫怨东风迟。
人生百代名利客，内中甘苦只自知。
岂有豪情似旧时，花开花落两由之。

水中二三素人游

（2009.6.20 晨）

风驻沉香月满楼，叶落飞红蟾唱休。
荇下松柏空映影，水中二三素人游。
对饮何须千杯醉，相识难得百回眸。
君应有语却忘言，一段春意波心流。

明湖烟波语从容

（2009.7.4 凌晨）

明湖烟波语从容，黄金屋前喜相逢。
垂柳万条舞春色，斜晖几缕暖东风。

浊世苍茫白首陌，书生情长老诗翁。

但得河清海晏日，与君笑对夕阳红。

注：黄金屋，即大四跳蚤书摊的雅称。

周游列国自兹始，至湖南衡阳站，作打油诗一首

（2009.7.14 晨）

万里南北路，驱车至衡阳。

鲁雨昨夜肆，湘山今日苍。

遍体倦身极，欢心逐云狂。

来从楚国游，采撷兰芷芳。

登南岳诗一首

（2009.7.15）

苍苍松柏如恒寿，楚客好入名山游。

一自牌坊窥山脚，便觉五岳我独秀。

七十二峰八百里，逶迤祝融眼未休。

恨不羽化登仙去，追云逐日心悠悠。

访船山故居小题一首

（2009.7.17）

六经破万卷，

责我开生面。

船山诗书业，

吾侪志绵延。

诉别衡阳一首

（2009.7.18）

三日游来万千程，衡阳山水润无声。
最是流连难忘处，湘江渡口浪纷纷。
幸喜良友作东道，感念翁老腊酒浑。
汽笛一曲肠欲断，匆匆浦雁难再闻。

海月公园观莲

（2009.7.25）

瑶池御风嫡荷仙，玉姬播种舞翩跹。
海月开襟圆明景，最是谦谦数王莲。
西子有幸埋香茎，湖光无尽碧玉天。
子猷泛波春水皱，一枕落花惊睡莲。

自题小像

（2009.8.4）

腕底运斤倚快马，仲永浮名畏虚夸。
曲园茶香伴日老，仪叟策杖逐官涯。
且歌且行且酩酊，亦儒亦道亦袈裟。
罢却楚囚作楚狂，何须尽看长安花。

回赠介明哥诗一首

（2009.7.18）

琅伢有子弟，高介辅豪情。
少壮思且厉，仗剑远游行。
岱岳子贡志，楚河沛公心。
霸王江东业，指日归衣锦。

游东莞虎门，观威远炮台及林公纪念馆，小题一首

（2009.8.2）

炮台铁未销，故事举目遥。
烈勇遗昨往，浩魄祭前朝。
沧海珠洒泪，碧穹浪折腰。
南北通一堑，威远锁大桥。

感怀济南一首

（2009.7.28）

攘攘熙熙风逐尘，苟苟营营利伤身。
浮云阅尽皆世事，苍狗吠罢亦黄昏。
千佛有泪燃香烛，万姓无明寄禅门。
履道革心九头鸟，不辞长作济南人。

赠别砚文老哥一首

（2009.9.5 晚）

念念千里去，烟波望眼穿。
草木泣飘零，人情何以堪？
沧海珠洒泪，为君落玉盘。
参商相对饮，今宵别梦寒。

飞将悟禅心语

（2009.9.3 晚）

今我非昨我，昨我逝已空。
复观明日我，二我不尽同。
无我还有我，我生无我中。
春尽红颜老，春来花又红。

题咏赵姨娘

（2009.9.7 晚）

愚妾争羞紫金门，梅花拜把女又身。
一线东风迢涕去，偏墙冷角雨泪纷。
环哥无情抛怜母，政夫有意断孤魂。
向使谶语成真梦，姨娘终是槛内人。

读《红楼梦》悼曹公

生而为英兮死而为灵，同乎万物兮复归无形；
更上红楼兮重游旧梦，云垂海立兮石破天惊。
遥指昔畴兮曹公雪芹，入旗包衣兮功赫嘉名；
织造罔替兮恩隆德惠，三代江南兮锦敕国卿。
草木无情兮有时飘零，瞬息繁华兮梦散广陵；
归旗还籍兮运败命蹇，燕市索居兮悲戚人情。

题咏姚木兰——观林语堂先生之《京华烟云》

（2009.9.30 晚）

甲骨铮铮作金鸣，巾帼风流女儿英。
十指针巧芙蓉色，儒道轴卷古风情。
苦海错渡误良昏，高道难蹈问天行。
墙角宜盆月为伴，斜倚阑干满天星。

鲁鄂千里，遥寄相思

（2009.9.27）

谢娘心犹恨，咏絮正当时。
金风悲落木，竟夜惹相思。
洛水驾扁舟，念念千里迟。

湘竹点点泪，焐化内中知。

风物长宜放眼量

（2009.10.14 午）

文人相轻自古然，毁誉相参总宜半。
沫飞升天鸡犬舞，叶落归根龙蛇盘。
胸有成竹总宜让，手无寸铁可放宽。
如晦风雨俱难忘，厓山之南悼中山。

不辞长作思乡人

（2009.10.27 凌晨）

齐鲁风物自宜人，故园山色夜梦深。
惠亭秋波应念我，橹浆中流浪纷纷。
曾忆去岁别桑梓，负笈岱岳坐孔门。
万千弦歌声入耳，此心安处忘吾身。
独与天地共来往，兀兀穷年伴朝昏。
可叹顽石终难济，披上袈裟笑红尘。
无端狂笑无端哭，偏向散宜吊丘坟。
心比天高自庸扰，我辈终是蓬蒿人。
蓬蒿何处寻绿林，唯见长江浊浪奔。
长江有意难为我，轴卷每每将尔温。
但得古人心共赏，不辞长作思乡人。

题咏吕洞宾一首

（2009.11.2）

东华仙家瑶池客，红叶深宫莫愁女。
蛟龙蹈海斩应绝，孽情偷渡焚还炬。

三生冥冥痴人梦，千秋脉脉断肠语。
青埂不尽风月恨，厚地高天同一吁。

为风云人物讲坛作宣传小诗一首

（2009.10.28 晚）

十年一觉迷红楼，
脂粉血泪续春秋。
此情可待成追忆，
太虚寻梦心悠悠。

为苏麻喇姑一哭

（2009.11.5 凌晨）

青灯几番曾照我，临水娇花抱憾长。
一曲霓裳和月咏，双泪琵琶傍君唱。
侯门深深绿春韭，紫殿重重素寒窗。
莲台不见慈悲泪，枉有痴人诉衷肠。

赠美院军德师哥

（2009.11.20）

刘子天章笔墨深，丹青妙手绘精神。
画品端居上之上，化人遥现身外身。
阴阳陶蒸风雷布，神工独运晓星沉。
我有嘉宾号军德，疑是吴子托命人？

我也我辈后来人——题咏闻一多先生二十四句

（2009.11.25）

唯楚有才于斯盛，狷生忧国国陆沉。

可怜一卷伤心史，曾是洗衣宦游人。
侵晨研磨披衣坐，《楚辞》吟罢晓星沉。
骚作应责开生面，楚江屈子神交深。
抱石怀沙千秋意，希文忧乐伴朝昏。
如花故国瞢然梦，狐鼠城社乱纷纷。
朝无骨鲠足忧惕，野有遗贤谁人闻？
群盲哑言吾往矣，昌门抉目敢惜身！
忠孝二字难为我，唯其义尽所以仁。
心悲不足畏天寒，寒极翻作艳阳春。
龙虎风云沧桑变，我今面壁赋招魂。
魂兮归来中华魂，我也我辈后来人。

咏周氏两兄弟

（2009.12.1 晨）

干将硎发墨侠魂，
老僧闲赋玄牝门。
豪情还似旧时梦，
作人树人两昆仑。

咏雪小诗一首

（2009.11.21）

梅蕊三分沁芳魂，
素雪一片掩地昆。
白占无情稻粱土，
尽伤有心稼樯人。

附：己丑初雪寄赠友人

李浴洋

乾坤肃杀舞英魂，
欲写春秋奏雅音。
雪发鲁北无限好，
气蕴京华待新人。

按：2009年11月12日，济南降大雪。口占一首，短信寄赠友人，得和诗若干，聊作风雅事。王国维《人间词话》第37则曰："东坡《水龙吟》咏杨花，和均而似元唱。章质夫词，元唱而似和韵。才之不可强求也如是。"于我等而言，颇为切合也。

绝圣弃智品自高——为同乡聂绀弩一哭

（2009.12.3晚）

十字街头南河桥，先吾百年降尔曹。
仗剑远游辞惠水，书生行侠笔作矛。
重来建国演大业，铮铮铁骨日日销。
龙江担水一臂起，虎林伐木双肩摇。
去国千里头颅悔，归乡廿载筋骨劳。
人生识字糊涂始，诗书燔尽牢骚少。
不识不知顺帝则，绝圣弃智品自高。

西铭志

（2009.12.8凌晨）

登车揽辔天下志，行为世范言士则。
经纬国常文苑考，拯济群伦铁棒喝！
九隅蒸民涂炭墨，千里奸佞结轨车。
鸡鸣若亡风雨晦，十万万人俱槁饿。

吾侪奋勉，葆续国华

（2009.12.11 晚）

为贺天一红学社、开山诗社、稷下国学社的诞生，也聊以纪念我逝去稷下国学社，缀《文心雕龙》之文辞以成篇，因之共勉。

天地并生兮文德乃大，日月迭璧兮玄黄色杂。
心生言立兮傍及万品，吐曜含章兮仰观俯察。
文脉相承兮文士一家，先秦屈宋兮汉室陆贾，
春秋代序兮仰止贤达，吾侪奋勉兮葆续国华。

咫尺隔天涯——为了忘却的国殇

（2010.1.5）

台澎望闽厦，万顷夕阳斜。
滔滔精卫泪，暮暮杜鹃花。
劲风侵逆旅，儒冠误芳华。
高岗展倦目，咫尺隔天涯。

与林煜师哥和诗两首

（2010.1.18）

马齿徒增三寸长，颧面难充几回胖。
佳肴美酒妒空腹，稀米茶饭穿枯肠。
口不能言可免祸，食无求饱能省粮。
恶竹当斩终有时，留它两日又何访。

复和一首

林煜

急来抱脚佛像旁，卧后恶宵细细长。
神疲多成日高睡，体恙每作泗久滂。

千山频现劳梦想，一票难求费思量。
最喜共骖纤离马，斯须此身在横塘。

感之复和之

袁依

戏语一阙君意长，何期天地共玄黄。
少陵野老客巴蜀，绛珠仙子泣潇湘。
子传五经复六艺，文法尧舜武汉唐。
书生报国成何计？武穆精魂且绵扬！

复和又一首

林煜

斌分文武是君子，书生扬剑亦何妨？
木兰因孝征疆场，稼轩尽忠射天狼。
潇湘水暖慰妃子，巴蜀道难留诗章。
今逢四海为家日，不废虎战与龙骧！

天地正玄黄

（2010.2.12）

闻祖父双目尽盲、偏瘫在床，和泪书成诗一首。

凄凄风云色，黯黯灯烛光。
老翁僵褥卧，双泪咽寸肠。
不见天边日，望眼尽枯盲。
五丈悲风起，天地正玄黄。

口占一偈

（2010.4.8）

死生大梦境，

果报变谢场。
参罗尽万象，
孤月印西江。

凤鸟河图尽

（2010.4.10）

凤鸟河图尽，
周公渺梦寻。
物与民胞愿，
人贫道未贫。

遥想幼安当年

（2010.4.13）

遥岑远目清秋楚，
堪脍鲈鱼种树书。
红巾翠袖羞难见，
白发青衫对白屋。

赠友诗一首

（2010.4.24）

南国散木寄相思，
锦书难托鱼雁知。
新发垂柳为君绿，
春来正是读书时。

和林森师哥诗一首

（2010.4.25）

君自潇湘我自齐，
岱岳东风下五嶷。
衡阳雁归湘水北，
兰亭觞酒会佳期。

夜读《红楼》有所思

（2010.4.26 晚）

红楼一梦自寻常，
此身大患恨无方。
绛珠难偿生民泪，
最是荒唐一潇湘。

七绝一首

（2010.5.19）

巴峡暮暮穿肠过，
汉水汤汤九曲回。
长路关山吟不得，
倚门慈母唤儿归。

复杨建波师弟诗一首

（2010.5.22 凌晨）

序:政法学院一师弟，文质彬彬，谙习唐史。与谈甚畅，和打油诗一首，是为记。

兴衰由来一姓杨，黄卷青灯话隋唐。
陈寿纳米难传信，东藩演义任雌黄。

玄武犹见太宗略，马嵬似闻泪雨滂。
向使胡儿成帝梦，谁为弦歌谱霓裳？

参偈四句

（2010.5.31）

饱食终日未着粒，
行路千寻鲜踏足。
最爱湖光烟柳色，
入诗入画入心湖。

怀古一首

（2010.6.4）

乌衣巷口白头鸦，
识解东篱野草花？
王谢朱楼成旧梦，
长绳系日复西斜。

怀古诗之二

（2010.6.5）

大明衣冠烈，满蒙典坟高。
慷慨头颅血，零余诂训钞。
去国桑梓暮，履道山川遥。
宋社墟亡久，崖山浊浪滔。

杂诗补遗

（2010.5—2010.6）

（一）

飞将品《西游》

天书从来无一字，
真经枉费万里寻。
插科打诨西游路，
封得大圣驾祥云。

（二）

赠杨建波

春来江水绿，春去水无波。
未解春风意，垂杨舞婆娑。
双龙任盘绕，明湖自清活。
建厦待群伦，龙泉万仞磨。

（三）

端午一首

端午佳节粽米香，
龙舟唢呐正激昂。
九歌屈子魂归处，
箫管烟花月色忙。

（四）

论诗一首

世人作诗好寻诗，
摘句寻章罗网织。
心无旁骛上达路，
妙境得来人亦痴。

俊昌哥注：寻章摘句以求似或患失其所以为诗，面对自然，一切固有的知识和逻辑都成了一种障碍，何况其本身也无法囊括世间的一切，求似或许已经失其所以为我、所以为真了。

读史一首

旧日山川满目尘，
楚囚何处吊屈魂？
哀莫大于心不死，
九歌一曲泪雨纷。

津卫纪游

（2010.8.31）

从来北国称齐鲁，飞将何幸津卫行。
柳徐旧友难忘却，新途重载故人情。
海河波涛多细浪，意城风土遍欧厅。
建筑竞夸无双艳，卫嘴绝胜相声名。
南开曾忆抗战火，联大犹现弦歌兴。
可染书画范曾续，诗骚一脉叶嘉莹。
允公允能新日月，树木树人育英灵。
但得此生长入梦，不辞长作北洋行。

2011 年涂鸦诗词辑录

（2011.3—2011.12）

小序：焚诗之雅趣，自古而存，终是凄凉滋味。录其流水光华，非诗而其何？如此来看，《散宜录》厚度的增加倒是件无关紧要的事情了。辛卯年于我而言，并非本命，却是祸不单行；“诗可以怨”，于是发此四千诗话。较之我的散笔，字数上固不及十之一二，然敝帚自珍之私情，弥之切切。是为序。

小诗两首

（一）

记新朋故旧之再聚首

偕行百侣老残游，
花柳湖山渡群鸥。
异代风流如可接，
逸怀高揣入东楼。

（二）

京鲁遥隔寄相思

无意重栽湖上柳，
多情皆化枕间愁。
萧郎此去无循迹，
冥路三生觅石头。

古风·忆祖母一首

（2011.5.15 晨）

甲子春秋风雨稠，古稀年华万事休。
膝下儿女成林木，坐中宾客几停留？
曾忆廿载雏燕飞，每闻堂前声啾啾。
而今伴我唯扶老，倚杖长吁怕登楼。
我本王寨流浪女，爷娘命短鬼魂飕。
嫁至东家袁河湾，日夜无息牛马走。
暗地黑天劳农苦，菜色稀汤泪梗喉。
砸锅卖铁大公社，辘辘饥肠命半丢。
老来幸存安身地，身残体破儿孙诟。
两鬓花白兼眼力，腿脚毒热难闲悠。
米饭饥来食不得，皓齿一二君见否？

手不能文苦难诉，眼枯无力泪双流。
看官莫作等闲看，等闲看来不解愁。
血泪由来成一史，几番滋味到心头。

尽日翻阅中哲史，作打油辞一首聊以自乐

（2011.5.21）

天命难续兮危若缕丝，
家国残梦兮哭笑亦痴；
有心渡人兮无力修己，
个中甘苦兮唯余自识。
百姓日用兮莫非良知，
机锋妙语兮巧作禅诗；
原迹原心兮原心原迹，
自在菩提兮应观如是。

生怕情遥愧故人

（2011.5.24）

几许芳华袭暖春，
一帘夏梦暗香闻。
曾因酒醉思良侣，
生怕情遥愧故人。

七律·赠品磊兄

（2011.5.26）

堪羡苏仪舌辩才，外修内美雅德怀。
品分多口稻粱密，磊自三石斧斤开。
水浒英雄最吴用，红楼女子胜黛钗。

逢君校内千里外，欣会佳期指日来。

七律·洪魔狂舞荆楚地

（2011.6.22 晚）

忽报江城水泛洪，珞珈山色影朦胧。
天公难遣及时雨，神女怎敌破浪风？
催命高峡潮汛涌，衔冤大坝碧涛汹。
防川莫过防民口，大禹疏河辨异同。

赠别诗三首

（2011.6.26）

（一）

长亭古道柳无边，
芳草夕阳又一年。
何日樽前重聚酒？
漫抛双泪故人前。

（二）

杨柳接天荷叶香，
明湖山色话离殇。
劝君奋举千钧棒，
自在乾坤任骋翔。

（三）

天涯从此又分离，
谁忆当年蒋凤琪？
一自二鸦迷圣地，
乱红独向浣纱溪。

七律·梦回黄州

（2011.6.30 晚）

不尽长江滚滚流，一帆风雨过黄州。
虚席贾谊汉廷弃，贾祸祢衡江夏休。
三分炎汉一诸葛，八路枭雄两曹刘。
赤壁东风江渚去，乌林浦上月如钩。

七律·念祖母

（2011.7.14 晚）

怜孙失妪叹孤贫，故里犹传楚客吟。
棺椁尘生人未返，西山日落暑还侵。
音容起灭坟前舞，笑貌回环耳畔临。
廿载扶持倾血力，眼枯泪尽断肠心。

酷暑难耐，作打油诗一首，聊以自娱

（八月间）

顶上一轮毒日头，汗水滂湃向下流。
手持书卷心难定，圣贤同我一般愁。
烈焰滚滚皆人欲，心魔沉沉难自剖。
天地之大无处逃，广寒宫里作梦游。

怀祖母

（八月间）

天地不仁草木哀，飞将满腹悲辞怀。
祖母笑貌音容永，难逢交口儿孙乖。
去岁一旦别离后，千里不胜内中愁。
高龄堪喜亦堪忧，僵床孤卧独倚楼。

送孔德超（聊城临清人）兄赴华师大读研，口占一首

（2011.9.10午）

送君南浦伤如何，
季老临清子弟多。
班马挥戈史墨笔，
自忠文胆尽伐柯。

注：聊城临清现代有两大名人：文有季羡林，武有张自忠。上述的“华师”指的是上海的华师，非武昌抑或羊城之“华师”。

古风·赠伟强君

（2011.9.12晚）

小序：与羊城吴伟强君通话，千里之外互致问候语。中秋之夜，人同此景，人亦同此心，岂独文人骚客吟词诵诗之擅场？近来不工诗亦久矣，然行路之间多难渐看豪气尽，今夜聊作打油体诗词一首，祈愿伟强君南国吉顺安康！

今夜千里共中秋，此间月色未分明。
人道秋来百卉肃，我言一鹤碧空晴。
草偃秋山挺异芳，琼凋夏圃绝娇影。
盛日邀君至明湖，携臂泛舟且莫停。

五古·念冯友兰先生

（2011.9.17晨）

冯氏论道学，经脉自分明。
贞元遗六策，新编续七赢。
声名傍三史，潦倒对五经。
三松堂前客，相识故人情。

五古・念熊十力先生

（2011.9.18 晨）

黄冈又日新，楚哲沪上吟。

唯识破三界，原儒开万民。

翕辟生阴阳，往来成古今。

乾元归性海，体用自相临。

五古・念梁漱溟先生

（2011.9.19 晨）

家严忠与烈，慷慨入汨罗。

东西三路向，儒释二学说。

廷面争谏骨，梁效拒赞歌。

丈夫浩然气，知行事上磨。

遗“珠”偶拾

（2011.9.24—2012.6）

小序：一直感觉大四以来的自己，诗词作得愈发缺少了诗味。“离”字太重，“骚”字太多，始终无法隔着距离“雾里看花”，以致月印千江之超凡雅趣，既不可遇亦不可得。诗词虽是沉郁心境的反映，却不可自甘沉溺其间，不去作自拔的抗争与尝试。“不问国事问家事，打破新愁并旧愁”，这一穷酸秀才的自画像虽是当下自我的真实描绘，却一定不是对未来蓝图的美妙憧憬。千百年来的骚人墨客涂涂抹抹，虽也有“一小撮”怀揣“藏山事业”的雄心，然而绝大多数的文士却只是将诗词当做了解忧的杜康，在上面发泄近乎神经质的癫狂，人格分裂、思想抵牾之遗痕处处皆可见。“夫子之道，一以贯之”，“忠恕”之本既要运用于自己，也需推及至“君上”；而打破这“新愁并旧愁”的绝好途径，无外乎牢记下“行有余力，则以学文”这八个大字并且有效地行动起来。如此说来，我的这则“小序”竟是对以下所作诗词的一大“反动”了，一笑复一叹。

赠三石兄小诗一首

（2011.9.24）

三生石上觅知音，
天地玄黄旧梦寻。
痛饮狂歌人未老，
愿结千年并辔心。

念祖母

（2011.10.4）

惊梦游泉又一春，
难逢三载旧光辰。
诀别竟作天人恨，
山色故园祭新坟。

咏巧姐

（2011.10.5）

阿凤幸遗此孤胎，
刘妪巧接地气来。
运命无违家世幻，
罗敷从此罢金钗。

赠远方的那些友人

（2011.10.6）

云尘摇落天八方，
端赖诗书续热肠。
并辔的卢慷以慨，
奋蹄万里骋无疆。

芙蓉江畔百舸流

（2011.10.31 晚）

西楼月上人如钩，
玉宇广寒春夏秋。
博取此心岁岁白，
芙蓉江畔百舸流。

远方有佳人

（2011.11.2 晚）

梦呓无言自叨唠，
眼登六路望江涛。
但得此生携君去，
夜雨潮声处处箫。

二十二生辰将至，打油一首以自贺

（2011.11.4 晚）

廿载漂泊四海家，江南江北遍天涯。
世习商贾作机巧，敝履诗书弃不暇。
不敏终难配玉葩，革心斗筲乐桑麻。
而今渐老少年头，聊赋新词续睿华。

自省一首

（2011.11.30 晨）

深慨错因全在我，
堪怜万事不由人。
梦痕如影懒回顾，
书剑恩仇负此身。

花落花开一任之

（2011.12.3）

誉谤悠悠何所止，
楚囚正冠缀骚辞。
恒河沙数流云梦，
花落花开一任之。

毕业最是两难时

（2011.12.11 午）

陋巷无违颜子欢，
每临陈蔡见机难。
易足恐酿千秋恨，
换稿舆图执手看。

七律·赠经义师

（2011.12.24）

堪叹红楼一梦惊，雕龙曹子见生平。
萧萧黄叶谁人语，漠漠香山何日晴？
经义文华飞将共，丽娘心事鞶儿听。
佳期把盏兰亭会，达旦秉烛分外明。

夜无眠，诗一首

（2012.4.6 凌晨）

从来点墨寂寥时，悲喜无端识意痴。
屈子幸得怀楚弃，霸王空恨鸿门卮。
天生七尺降龙木，坑灭六经引祸书。
绕树三匝成幻相，南飞乌鹊入浮屠。

附：七律·赠袁依

吴其庆

（2012.3.24 晚）

一别再叙劳飞讯，从此谁人可知音？

无语徒销新研墨，有怀空对断弦琴。

且留诗词昭旧故，更待杯盏饯长亭。

咫尺天涯总相近，却话江南共比邻。

沪上杂草（《散宜录》之续编）

寄与自己两行诗

（2012.04.28）

东南西北都游遍，成就荆楚一鬼才！

尧舜何人我何人，皆为道通天地人！

人之大患吾丧我，大块载形寄此身！

我本前世一衲子，携手风月啸风尘！

风尘假相空诸相，牛鬼蛇神乱纷纷！

我有肝肠断不得，留取收缠魔王回！

吾曹不出苍生何，月明星稀奏战歌！

东风老来霜无力，死去雄魂脱胎我！

拼将此生无量志，不信青史尽蹉跎！

三千世界物不迁，苦海沉浮泪雨涟！

何当众生成佛日，十八地狱心亦甘！

我自狂歌我自怜，生不满百千岁忧！

无肝无胆徒搔首，有情有义共白头！

我有嘉宾在西南，巴蜀向有忠烈祠，

夔门一夫可当关！

打油体《论文难，难于上青天》一首

小序：5月3日午于长宁图书馆，见《文学评论》第二期载吕周聚、贾振勇二师两柬雄文，欣喜之余，拜读再三，俄顷已是正午当头，继而又恐人影散乱。一入沪上深似海，从此论文是路人，恨不去岁早作准备，留待今日仓促上阵，心急若焚间却似瞽者追盗，愈失其途，空留叹喟。叹叹！

忆昔下笔千言日，倚马可追云锦章。
孰料廉颇三遗矢，十姨伍子阅于墙。
论文自古难思量，鸡仔遭逢黄鼠狼。
系日由来乏铁索，望洋向若浩汤汤。

口占一绝（附一首）

（一）

茗玉本为若玉名，观堂叔论倍伤情。
只缘刘妪好生事，倚马红粉闹未宁。

（二）

人海千千万万间，红楼三昧细论文，
使君与我话头合。既生瑜兮何生亮？
无端绵上一茗烟，使我不得开心颜。
我思君兮刀若切，君置我兮如瓦裂。
多情长似蝉吐丝，呕心晴雯雀裘织。
忆昔未识霍金日，卧龙潜越偃文修，
一自遭逢经义师，千里梦魂系相思。
每从夜深敲鱼木，内中尽化捣衣声，
何日倚马共研文？

赠吴鼎宇兄

兄言佛家唯心事，弟有一二无明知。
东土本为现世报，春耕秋登自果因。
天竺炎炎似火烧，倒悬苦海静心难。
唯依三世轮回说，众生克己得解脱。
梁氏东西阐要义，伦理缘由论城郭。
兄务实学轻玄义，未解人世遍心魔。
阳明素习好武功，山中之贼去何易。
良知二字难为我，心中之贼去何难！
朱子近道陆子禅，三教斗法意未阑。
佛法精微幽明事，儒道出入小儿诗。
宇内问鼎皆大幻，真经何曾着一字？

赠友人八首

（2012.2.19）

（一）

佳节元宵铭此情，
江涛携步江滩行。
长风万里海天去，
浩荡坤乾只掌平。

（二）

天下英雄唯使君，
只身独啸龙虎群。
江涛依旧人依旧，
不忘仙姝寂寞林。

（三）

未敢多期木石盟，

惟愿心同自由风。
八九共岁蛇性冷，
一山还比一山重。

（四）

霸王英气多屈折，
何事舞姬唱虞歌？
江涛醉人人醉我，
名马从来累前轲。

（五）

有绳无马枉前尘，
夜雨江湖魂梦深。
残酒销得黄叶瘦，
江涛犹忆散宜人？

（六）

清晨三柱洗心香，
谢天谢地谢三光。
痴情江涛似无情，
无明种子溯业因。

（七）

海上明月虽道好，
楚中山色更相亲。
脉脉涛声依旧在，
浩荡豪兴晓昏侵。

（八）

江涛如垒气如虹，
君自江城我自东。
黄鹤未期归复日，
此生来去太匆匆。

大观园内镀新天

大观园内镀新天，金玉良姻又一年。
白发江湖归璞日，细与论剑红楼篇。

闻鞠师大婚，兴之所之，用兮字楚调和曲一首遥相祝

（2012.6.16 晚）

五彩虹霞兮滇界好音，负笈湖湘兮弱德无垠；
一入沪上兮温文如海，中流长宁兮砥柱卫津。
余生也晚兮世事无明，幸得良师兮学问囊倾；
兰芷蕙中兮虚怀若纳，天颐生辉兮气冠群英。
玉汝佳婿兮婚配妙龄，咏絮道韫兮入室趋庭；
同结白首兮连理比翼，百年好合兮相敬如宾。

晨兴忆故人，忽得四句，聊遣内中怀

（2012.7.18）

回思座上酒千盅，恰似人间来去风。
醉里曾闻梦里笑，盗跖颜子古今同。

老夫聊发诗兴狂，与师兄师弟和诗三首以记之

青主遗风共酩伶

（2012.8.30）

死生由来一梦惊，干戈自是向人情。
庄生无夜不蝶魇，伍子有眸皆楚廷。
吾降之初尚难为，君期以日犹可擎。
仰天啸傲深山去，青主遗风共酩伶。

孙国柱师兄的和诗

（2012.8.31）

生死由来因无明，干戈玉帛何日清？
思莼张翰费心识，荷锸刘伶累神形。
红尘黄粱梦中梦，魑魅魍魉影外影。
万物静观皆备我，谁人中宵醉酩酊？

张程师弟的和诗

（2012.8.31）

干戈从来霸主擎，方聚风雷摧银冰。
爱琴有海皆怒浪，延津无士不豪英。
间阔北府思倾盖，期遇南斗话离情。
他年共奋益阳道，不以诗酒学信陵。

偈子相对天涯邻

小序：去年十二月，闲来无事不从容，作“菩提无尽树，明镜台前风”偈语数则，与北师大张弘兄、上交大吴鼎宇兄、复旦易飞兄互为唱和。文人相轻，自古而然，以吾四人观之，不在此类。既是闲来之笔，便不拘文字音韵律调，以求解脱枷锁之彻底自由。彻底自由一则以尽情发挥才知，一则亦如没了遮羞布之大家闺秀，终似《武》乐之反调，尽善矣，未尽美也。然此美不啻《红楼梦》中贾瑞之风月宝鉴，既是美人，亦是骷髅，不过是黄粱一梦罢了，唐之前又何来格律之论呢？偈也，意也，非句读也。联中就张弘兄“叶韵不得中”之句，直接绕道不作答，便是此由。过路的君子，亦当作如是观。

袁依发端四首

菩提无尽树，明镜台前风。
佛号千声乐，无非一字空。
若将空作空，大千幻梦中。
开诚须济物，莫言小乘宗。

一屁过江偈，八方不动风。
饱暖思淫欲，理空事未空。
民胞及物与，坤母乾父中。
君自法君法，吾本爱吾宗。

吾爱六祖道，行藏自如风。
力耕日用伦，慧养大智空。
夫子谒兜观，神龙卧云中。
若游华严国，儒门拜释宗。

七律逞才力，五言道古风。
老杜思君梦，马嵬转成空。
鳏寡孤村里，民工流离中。
如来元是幻，济世归儒宗。

张弘兄四首

如来华严界，庄周天籁风。
醇儒诚济世，弘愿亦不空。
行藏三教有，用舍一念中。
若从文章看，俱是好词宗。

辨经郁乎文，降魔快哉风。
道法常戒满，禅门不坐空。
思接天地外，身在宇宙中。
虚实两相和，蔚然成大宗。

才说虚实趣，又道雌雄风。
和诗难难难，取意空空空。
遣词强归正，叶韵不得中。
君其观大略，立意不开宗。

（以汉对唐）
浩瀚司马赋，磅礴上林风。
子虚不务实，乌有好为空。
治策词章外，岂在云梦中。
信知求凰曲，不能匡汉宗。

吴鼎宇兄一首

树可作菩提，台亦为明镜。
心物本互生，物我本自忘。
空生为万法，万法也作空。
佛本出世儒，儒本入世佛。

易飞兄两首

三藏入神州，千载有遗风。
教仪盛庄严，般若畅慧空。
拈花意已远，四愿热吾中。
乃若识仁体，还守吾儒宗。

吾爱阳明子，英发振儒风。
良知千古在，如日处虚空。
空者空小我，八荒吾仁中。
恻怛一念起，三教可同宗。

刘旭兄一首

吾元不好佛，但羡老禅风。
檀中三宝妙，树下一心空。
法相微言外，经纶顿悟中。
今人烦恼盛，总是易皈宗。

零笺碎墨皆堪念，中有幽怀一脉香
（后记）

网上曾有一种时风：一名博士出了本书，大家争着去看后记。至于论文究竟如何，大家似乎从根本上就提不起兴趣。一如大家当下所呼唤的民国大师，只知其名，不知其学。是故每个稍有那么一丁点文化常识的中国人，提起传统上的孔老孟庄，甚至文武周公，甚至周张程朱，都能在不读其书的情况之下侃上几个钟头。不过侃完之后，孔子依旧是孔子，而他所谈论的那个历史人物，不过是他自己的化身罢了。所以中国的民科层出不穷，所以中国的学术造反精神永在潜滋暗长之中。

宋代陆九渊《语录》："或问先生：何不著书？对曰：六经注我！我注六经！"学院派安其所习，满足于我注六经的述古之风，而下层的民众，却极容易走向另一个更为可怕的端点，以为圣贤不过也是人，满街皆可为圣人。生长于历史中间物之中的我，自高中始便深情迷恋上文史哲，读了这么些年的书，"一言以蔽之"，得到的却是如此一句令人扫兴的结论：大凡学术之一丝一毫的创新，都是难之又难！举例而言，南京路上上海书城的新书著述日日新，仔细翻来，较之八十年代的宏泛之论，自然学术理路更为细致，但究其内在含金量，亦即学术之创新价值，我以为绝大多数为出版而出版的大块头著作都担不起"作"的称谓。那么，有人或许要问，究竟你所言之学术，内涵与外延何在？我想来想去，记起曾与一位知名网友有过这样一段对话：

袁依：孟子不重逻辑的形式，而重逻辑的实质，即经由对于真实的叩问，渐进于善的空间领域。孟子性善说的功夫论，八个字可以概括，“求则得之，舍则失之”。然而陈大奇先生就要问了，人之各种善端亦即行善之功能，先天就有，那么孟子所云“增益其所不能”是怎么回事呢？只是求与舍的问题，怎么变成了加减乘除？我的理解是，善端是先天而有的，而行善与否的能力却是后天的，需要增益。救孺子那一瞬的善念是先天的，但拿出行动来却是后天的。拿反例来说，面对老人不让座之徒亦有先天的不忍，但闭目却是后天的。

× 师兄：就像用现代科学研究术数，人的心理不同，根本不是一回事情。这个术数可不科学，一点关系也没有。孟子关心的和宋儒关心的本身就有很大出入。现在学术上的问题是，分不清楚思想史的事实和思想的事实。即使思想的事实再对，也不能替代思想史的事实。这是做哲学领域学者最容易犯的错误。接着讲有着巨大的价值，但是千万不能以牺牲古人思想之本来面目为代价。否则这个接着讲，也很难长久立足。

现代学术，轻舟已过万重山。还是守着清人的一套，甚至王氏父子、段玉裁的治学工具都没有弄明白，这样是没有出路的。思想的重建一定要在当代学术的基础上。朱熹便是差不多做到了这一点……不是现代学术的基础是什么，而是要了解现代学术走到哪一步了，之后就能了解其基础在哪里。无外乎实事求是的精神，但是工具已经发展成现代武器了，不能再用冷兵器去对付吧。廖平有什么关怀自然还可以研究，但是他的著作现在只好没有学术价值了。关怀和学术，纯粹两件事。康有为的著作，里面实在看不到任何学术意义上有价值的东西。

袁依：那梁启超的学术意义何在？清代学术思想的重新发现？

× 师兄：梁启超的学术眼光超乎同辈人之上，为中国现代学术指出了道路。他的思想史意义倒是确实很大，不过他也没什么有价值的学术意见。民国时代，比如诗经学，只有闻一多和林义光的有学术价值。章太炎对古音学还是有贡献的，其他的和他老师俞樾差不多，他主要还是政治上建树，不过他学问确实是上道的，能站在同辈人当中的前沿。龚自珍魏源是现代边疆学的预流。钱大昕开始就关注蒙元，后来有沈增植、柯劭忞踵其后。晚清舆图学也开始向现代历史地理学转化。一段时间内梁启超是总旗手，后来交棒蔡元培，又交棒胡适。现代文史哲学科一日千里，做思想哲学的人不能在这个基础上接着讲，难免有掩耳盗铃之讥。

这段对话里面 × 师兄的一些观点我以为稍显偏执，但他关于学术与思想的分剖，的确值得我们进行历史意义上的学术反思。无论是李泽厚先生对上世纪九十年代“思想淡出，学术凸现”的论断，还是王元化先生提倡“有学术的思想和有思想的学术”的苦心，都或正或反地强调着学术与思想的不同面相与划分边际。我们当下的“思想”太过泛滥，而真实的学术成就其实并不多见。学术研究的头脑，学术钻研的才能，非一字一句的严格阅读无从得来。何谓“严格阅读”？曰：最上等的经典文本以及最精密的研究成果。钱钟书先生一生稽古，非是复古，乃为上乘之研究故。佛门参禅，有温火，有烈火，温火在日用间，烈火在过关处。当下温火之士比比，独不见闭关之烈火修身，只在堂前打住，甚为可惜。

我的这本小书自然也是伪思想大潮之下收获的跳蚤之一。浙大李玮博士读过我此书的电子稿后，曾寄给我一则评语：“与袁兄交往如饮醇醪，不觉自醉。他是一个保守派，对传统，对道德，对历史有着非同一般的见识和坚持。这体现在这本《虚敬以学——缘一室读书日札》的方方面面。不过即便作为保守派，他也不排斥真正具有内涵的潮流。臧否之中亦能实实在在地考量人物或者是哲学思想的内涵和价值，他所品读的人物既富有才学，又备受争议。这似乎是在考量品读者自身的火眼金睛。借着袁依的双眼，我们可以透过历史和传说的迷雾，还原出一个个真实的人物；我们也可以从一个更高的视野去俯瞰两千年中国哲学思想史。”初见此则评语之时，心中不禁有些飘飘然，继而上海社科院两位研究员以及我至爱的导师何老师又为我发来推荐语和序言，我那样一种半罐子荡来荡去的姿态便更甚了。幸而天公怜我，2014年的暑期，有幸在华东师大举办的儒学班待过一段时日，在里面无论老师还是学生，都是"先进"（古今之双关义）的水平。而后再反观与检讨自己的这本小书，简直有无地自容之叹。实事求是地讲，出书之举，终是下策。凡事功到自然成，欲速而不达。去岁收到高树伟的散笔集，他也是因缘巧合，尽了人事，得了天命。我辈但求修辞立其诚，不必汲汲于刊布。倘若今日勉强刊行，晚些时日再看去，有诸多不尽人意之处，那恐怕又要后悔万分。所以文字上的事情，还是应该打磨又打磨，精细再精细。可恨的是，自己当初一时兴起，动了妄念，书稿既已交付排印，一如嫁出去的姑娘泼出去的水，我便只能"花开花落两由之"了。

按照写后记的惯例，总应该还有"自报家门"一项。可惜我确是门衰祚薄之流，若杜月笙上溯杜甫为祖之事，我又实在给不出杨度润墨的大洋。为此，高树伟亦曾安慰我："夫天地合气，人偶自生也。是故家学不可求。兄言重传承，实道出家学之本。家学其贵学也，不遑家之背景，埋头苦学可也。"此言于我心有戚戚焉。倘无家学，则家学自我而开。如此，则远胜空负家学自欺欺人之徒，家学贵在学，有家而无学，或先之时有学而后无学，可谓家学之传承乎？无传承，则无家学。

虽无家学，我却要感激自幼而今影响了我的几个人，第一位便是我已逝去三载的祖父，以下一段回忆文字写于祖父辞世前重病之时，而今祖父祖母坟前草色青青，音容笑貌却宛在目前：

现在想想，爷爷也算得上是当时的知识分子了，不仅电工电焊、会计管理样样精通，而且对历史地理颇有研究，全国的许多地方他闭着眼就能和你讲个八九不离十。可惜少时的我经常不大爱听他讲这些，总觉得在他身边是受了拘束的，很难坐上十分钟去认真欣赏他那极好的口才。渐渐地大了一些后，开始喜欢听他的一些讲述了，甚至觉得爷爷比他的儿子们都要能干，只可惜年纪太大了，否则肯定还能有一番自己的作为。最奇特的是，理工科出生（其实也只能算是自学成材）的他，居然能够耐下心来用整个下午的时间，去读周汝昌的红学研究著作，并时不时写上几句批语，这也是我对他最为钦仰的地方。我对四大名著的爱好全然是受了他的影响，我永难忘记幼时的我坐在他腿上听他讲述王凤姐、贾探春、赵姨娘的故事，听他讲述母夜叉遇上打虎英雄的故事。

还有几位便是自幼教我语文课的中小学老师，这些女老师皆是慈母心肠，“经师”未必是，“人师”的称谓却名副其实。我经常会有这样的感觉，童年时的气味、味道、画面，以及记忆片段，时不时会浮现于当下的大脑面前。比如童年时吃过的垃圾食品，什么五角钱一袋的干脆面，什么一角钱几片的烤土豆片，还有酸是酸味甜是甜味的各色水果，还有那压缩得薄薄脆脆的八角钱一个的老婆饼……至于童年时看过的电影留下的片段，我这个患有轻微强迫症的人终于经过不懈追逐将那些记忆都找到并且一一下载。我一直相信，每个人童年时所受的各种环境影响，将如影随形地跟随他一生的思想旅程。而童年的我在这几位质朴的语文老师那儿寻得了人生的第一份“真爱”，对比当下人民教师屡屡爆料的各类教学事故，我深切怀念八九十年代教师队伍的纯洁无私与清廉刚正。他们对学生有至上的爱，对教书有至上的爱。

有了爱，才有社会之良性传承，“爱”之一义，永远应当不被忘记：功利之驱动固然不可无，但功利不当是人立身行事的最大价值。倘若眼珠里一味只寻得金钱的影子，那么人生之真实乐趣将要久久地附之如阙。无论人性之内有多么阴暗的成色，我们都需要放开眼光，从“天人合一”的大处去思量，坚定地付出我们所有的爱，在付出的过程之中受享天使之光芒的普照。

读书之乐自幼虽有之，然学术之志却是大学期间才得以最终“立”起来。这里面要感谢的第一位便是李浴洋师兄。大学里就读的文学院自李浴洋师兄怀精卫志、奋博浪椎，于文学之百花丛中捻出“学术”二字，作为学弟的我才有了几许清明开阔之理性思考。沉浸于“庭院深深深几许”的浓词艳曲，醉心于“司人间风情月债”的红楼梦魇，寻寻觅觅，惨惨戚戚，久而不可自拔，不仅误己，而且误人。用“小心求证”之法来补救“大胆假设”之失，李浴洋师兄于我大有启焉：

李浴洋《但开风气即足矣》：建构新的学科，开拓新的研究领域，往往是由自发到自觉的生成过程。在此过程中，“师”的刺激，固然能够起到某种程度的催化作用（譬如，王国维之于中国新史学，赵元任之于中国现代语言学，等等），但终究无法取代学科或者研究领域自身的演进与成熟（譬如，在学科建构的进程中熔铸学风的培养、学术本位的确立和学术梯队的布局，在研究领域开拓的进程中孕育学术意识的锻炼、学术视野的独辟蹊径或者独上高楼和学术方法的推陈出新或者辞旧迎新，等等）。学术史已经为我们的观点提供了有力的佐证。（当然，这里的“学术史”是“注重进程，消解大家”的“学术史”，而不是“文苑传”、“诗文评”或者“学案”，等等。）

民国时清华大学校长梅贻琦曾言：“教育就是要让小鱼跟着大鱼游。”我庆幸我一直以来有诸多师友相伴，于学术道路之上予我以无微不至的启迪关照。这些一直相依相伴的同门师兄弟，其实并非完美到没有毛病可挑，只是因了他们儒雅和善的为人，让你时常记不得去挑他们的毛病。在我看来，他们最大的毛病，无外乎“有癖”。虽然他们懂得克制，但这一癖好似乎与生俱来，有时竟不是那么好遏制。这一癖好只是“追梦”二字，有时却也显得不那么实际：在熙熙攘攘的当下高谈“清华国学院”和“孔孚新诗”，不知道能有几个人去认真听。也唯有真正的理想者才能够真正现实，他们时常慷慨地奉献出他们的经验教训，使我们这些后来者更加谨慎小心。

本科之后顺利读研，起初的自己仍旧有彷徨歧路之悲，每每了解老前辈刘起釪、新学人张晖之未尽才的生平，心理上未尝不通于王观堂先生在《三十自序》一文中所述之复杂情感，“岁月不居，时节如流，犬马之齿，已过三十。志学以来，十有馀年，体素羸弱，不能锐进于学。进无师友之助，退有生事之累，故十年所造，遂如今日而已”。每每记忆此文，未尝不废书嗟叹。我常以为，人之一世，生而孤独，一切的喧嚣，都是这孤独底色的陪衬。孤独的价值存活于对自我的反思之中，它时时告诫着我们，每个人的终极命运必然都是“赤条条来去无牵挂”，一切的“色”无非是“空”。我们虽能看透人生,却不可看破人生,用“空”来限制“色”的膨胀,用“色”来丰富“空”的荒芜，这应是心理上应有的成长路径。而于此一路途之中，幸得导师何锡蓉老师耳提面命，时常为我答疑解惑谆谆教诲，我与同窗们私下皆感叹，从未见过如此和蔼慈爱一如自己生母的老师，在她那儿我仿佛嗅到了传统文化之中的诗教馨香。另外要感谢为我写推荐语的俞宣孟老师和余治平老师，他们的褒奖对我无疑既是“其实难副”的压力，亦是“而今迈步从头越”的动力。感谢哲学所内朝夕相伴的十来位挚友，“同门为朋，同师为友”，我们的友谊是建立在至为纯粹之哲思基础上的，是最为牢固不破的金石之友。在出版过程之中，这本小书亦得到上海社科院研究生院侯伟东老师、邱华婷老师的支持，两位老师勤勉而又亲和的工作作风，令人感佩不已。另外，特别向为我此书奔波劳累的世图的王梦洁师姐以及各位编辑致以敬意，没有她们的细心把关，虽是抛砖引玉之石，也未必能如此得力地抛出。

缘一 2014 年 11 月 10 日夜记于沪上

附录

作者近年发表文章统计

1. 国家级中文核心期刊《名作欣赏》2011 年第 8 期发表《“不求甚解”之“甚解”》。

2. 中国语文现代化学会会刊《现代语文》2010 年第 25 期发表《漫谈俞平伯的红楼梦研究》。

3. 省级学术刊物《阅读与鉴赏》2011 年第 9 期发表《革命岁月里的隐士情怀》。

4. 省级文学刊物《北方文学》2010 年第 10 期发表《我悟孔子》。

5. 省级学术刊物《文学界》2010 年第 12 期发表《一个温情而纯粹的学人》。

6. 省级文学刊物《诗词月刊》2011 年第 3 期发表七言律诗《读红楼有感》。

7. 省级文学刊物《诗词世界》2011 年第 1 期发表新诗《我说我曾见过她》。

8. 省级文学刊物《诗词世界》2011 年第 2 期发表七言律诗《舟中踽踽江天客》。

9. 省级学术刊物《首都教育学报》2011 年第 6 期发表《回忆者的浮华与苍凉》。

10. 省级学术刊物《文学与艺术》2011 年第 3 期发表《浅谈书院精神对当下教育体制的启迪》。

11. 2012 年提交学术论文《西方学术的分期框架与中国政治的儒家情怀》获通过，参与复旦大学 2012 年全国研究生国学学术论坛（2012 年 10 月 14 日）。

12．2013 年提交学术论文《神州士夫羞欲死——试论陈寅恪学问生命中对于士大夫“耻的自觉”之深切关注》获通过，参与复旦大学 2013 年博士生论坛哲学篇学术论坛（2013 年 11 月 23 日）。

13．华东师范大学校报第 1545 期（2012 年 11 月 20 日）副刊发表《书有必读，学无止境》。

14．华东师范大学校报第 1547 期（2012 年 12 月 4 日）副刊发表《略说民国学术研究中对传统的现代创建》。

15．郭齐勇教授指导的珞源国学社刊物《珞源》第二期发表古体诗词《几回梦醒故人遥》两首。

16．上海社科院《逸思》第 14 期（2012 年第四期）发表《回忆者的浮华与苍凉》。

17．上海社科院《逸思》第 17 期（2013 年第三期）发表《神州士夫羞欲死》。

18．上海社科院《逸思》第 19 期（2014 年第一期）发表《浅谈书院精神对当下教育体制的启迪》。

19．黄浦区文化局年刊《城市诗人》2014 年卷发表《〈红楼〉读札两篇》。

20．《都市文化报》第 680 期（2012 年 11 月 8 日）发表《虚敬以学》。

21．《都市文化报》第 681 期（2012 年 11 月 15 日）发表《须信此翁未死，到如今凛然生气》。

22．《都市文化报》第 700 期（2013 年 4 月 4 日）发表《作伪的圣人》。

23．《都市文化报》第 701 期（2013 年 4 月 11 日）发表《〈论语·先进篇〉的解读与发微》。

24．《都市文化报》第 705 期（2013 年 5 月 9 日）发表《佛家幸哉，遇诸良土》。

25．《都市文化报》第 713 期（2013 年 7 月 4 日）发表《杂而不乱》。

26．《上海社科院院报》第 141 期（2012 年 10 月 19 日）发表《爱上听戏》。

27．《上海社科院院报》第 153 期（2013 年 5 月 23 日）发表《书有必读，学无止境》。

28.《上海社科院院报》第154期(2013年6月5日)发表《怀念“五四”》。

29.《上海社科院院报》第161期（2013年11月12日）发表《开学正是读书时》。

30.《上海社科院院报》第164期（2013年12月31日）发表《由杂文想起先生》。

31.《新民晚报》大学版2012年10月31日发表《反思大学，从反思自己做起》。

32.《新民晚报》大学版2012年11月6日发表《大学之魂：独立之精神，自由之思想》。

33.《新民晚报》大学版2012年11月12日发表《对英语学习的反省》。

34.《新民晚报》大学版2012年11月29日发表《浅谈古文的“无用之用”》。

35.《新民晚报》大学版2012年12月6日发表《怀想大学师生的“鱼水情”》。

36.《新民晚报》大学版2012年12月24日发表《和奶奶说说话》。

37.《新民晚报》大学版2012年12月26日发表《幸好只是虚惊一场》。

38.《新民晚报》大学版2013年1月10日发表《记得当时年纪小》。

39.《新民晚报》大学版2013年5月21日发表《鸡汤有毒——关于“国学热”的冷思考》。

40.《新民晚报》大学版2013年5月30日发表《读书心得七则》。

41.《新民晚报》大学版2013年6月5日发表《内中一结，夜夜梦里寻》。

42.《新民晚报》大学版2013年6月17日发表《相由心生》。

43.上海社科院《逸思》第20期（2014年第二期）发表《略论〈红楼梦〉中“人间世界”的三位道教代表人物之思想行为歧异处》。

44.2014年提交学术论文《试论唐宋儒生前期辟佛之策略衍变》获通过，参与复旦大学2014年全国研究生国学学术论坛（2014年10月18日）。